Risikomanagement im Marketing

Europäische Hochschulschriften

Publications Universitaires Européennes
European University Studies

Reihe V
Volks- und Betriebswirtschaft

Série V   Series V
Sciences économiques, gestion d'entreprise
Economics and Management

Bd./Vol. 3007

PETER LANG

Frankfurt am Main · Berlin · Bern · Bruxelles · New York · Oxford · Wien

Michael Fikar

Risikomanagement im Marketing

Der Risikomanagementprozess unter besonderer Berücksichtigung der Risikoidentifikation

PETER LANG
Europäischer Verlag der Wissenschaften

Bibliografische Information Der Deutschen Bibliothek
Die Deutsche Bibliothek verzeichnet diese Publikation in der
Deutschen Nationalbibliografie; detaillierte bibliografische
Daten sind im Internet über <http://dnb.ddb.de> abrufbar.

Gedruckt auf alterungsbeständigem,
säurefreiem Papier.

ISSN 0531-7339
ISBN 3-631-50700-3

© Peter Lang GmbH
Europäischer Verlag der Wissenschaften
Frankfurt am Main 2003
Alle Rechte vorbehalten.

Printed in Germany 1 2 3 4 5 7

www.peterlang.de

Meinen Eltern, meiner Freundin
und allen die mich unterstützt haben

VORWORT

Eines der prägenden und unveränderlichen Kennzeichen eines Unternehmers ist die Übernahme von Risiken bzw. das Eingehen von Risiken.

Erfolg oder Misserfolg unternehmerischer Entscheidungen lassen sich – trotz moderner Entscheidungshilfen und ausgeklügelter Informationssysteme – letztlich nie mit hundertprozentiger Sicherheit prognostizieren. Darin mag sogar ein Teil des Unternehmer-Sein-Reizes liegen. Wer nicht bereit ist, ein (Rest-)Risiko zu übernehmen, taugt nicht zum Unternehmer! Allerdings taugt auch der nicht zum Entrepreneur, für den das Hauptmotiv der Reiz des Ungewissen ist! Der oder Diejenige sollte in der Spielbank die Plattform für die Wunscherfüllung sehen und nicht im Chefsessel.

Die Kunst des Unternehmers liegt darin, nicht alleine Risiken einzugehen, sondern Risiko und Chance im gleichen Maße in ihren Eintrittswahrscheinlichkeiten und ihren Ausprägungsintensitäten zu erfassen und zu bewerten. Die Anamnese vieler, sehr vieler Unternehmenszusammenbrüche zeigt, dass es zu erheblichen, teilweise erschreckenden Disparitäten beim Grad der Beschäftigung mit den und der Beurteilung der beiden eigentlich doch unzertrennlichen Teile Risiko und Chance kam. Während die Chancen – um es vorsichtig auszudrücken – in all ihren Einzelheiten übertrieben positiv, ja euphorisch beurteilt wurden, wurden die Risiken viel globaler und vor allem sehr zurückhaltender bewertet.

Muss in vielen Insolvenzfällen die Fantasie bei der Darlegung der Chancen geradezu als grenzenlos bezeichnet werden, so scheint diese beim Aufspüren der Risiken zum großen Teil oder gar gänzlich verloren gegangen zu sein. Größenwahnsinnige Firmenübernahmen, prestigegetriebene Großinvestitionen und publizitätssüchtige Börsengänge sind nur drei Beispiele, bei denen Risikobewusstsein mit blinder Risikolust verwechselt wurden.

Risiken entstehen dort, wo Entscheidungen unter Unsicherheit getroffen werden müssen. Dies alleine verweist schon darauf, dass es keinen Unternehmensbereich gibt, bei dem Entscheidungen getroffen werden und die Konsequenzen dabei sicher vorherzusagen sind. Also auch Entscheidungen im Personal- und im Controllingbereich, aber auch speziell im Marketingsektor sind teilweise mit ganz erheblichen, ja existenzberührenden Auswirkungen verbunden.

Ein sehr hohes Werbekostenniveau, neue, unsichere Vertriebswege, realisierte Globalisierungen, starker, manchmal ruinöser (Preis-)Wettbewerb einerseits und zunehmende Werbeimmunität, aufgeklärtere, kritischere Nachfrager, abnehmende Kundentreue, generelle Kaufzurückhaltungen andererseits sind nur einige der Faktoren, die das Risikoumfeld des Marketingbereichs charakterisieren. Es erstaunt deshalb sehr, dass gerade dieser Bereich, der vor entscheidenden Herausforderungen steht, bisher von der Betriebswirtschaftslehre wenig beachtet wurde. Dies fällt vor allem auf, wenn man den Vergleich zu den Sektoren Produktion, Investition und Finanzierung zieht.

Es ist deshalb das Verdienst des vorliegenden Buches bzw. seines Verfassers, dass es/er sich der Thematik – besser der Problematik - „Risikomanagement im Marketing" annimmt. Nicht definitorische Feinheiten stehen im Mittelpunkt der Betrachtungen. Es geht vielmehr um Antworten auf die Fragen: Wie können Risiken im Marketing überhaupt identifiziert werden und gibt es dazu praxisgerechte Instrumente? Es geht dem Autor um die Risikoanalyse und last not least vor allem um die Risikobeurteilung im Marketing.

Die Publikation trägt dazu bei, die Sensibilität für die Risiken bei marketingpolitischen Entscheidungen zu erhöhen. Sie lässt den Leser jedoch damit nicht alleine; sie bietet Verfahren und Methoden an, wie mit diesen Risiken umgegangen werden kann.

Prof. Dr. Werner Ziegler

INHALTSVERZEICHNIS

ABKÜRZUNGSVERZEICHNIS

a.a.O.	am angegebenen Ort
Abb.	Abbildung
Abs.	Abschnitt
Anm. d. Verf.	Anmerkung des Verfassers
Aufl.	Auflage
Bd.	Band
d.h.	das heißt
Diss.	Dissertation
ff.	fortfolgend
Hrsg.	Herausgeber
hrsg.	herausgegeben
i.S.v.	im Sinne von
PwC	Price Waterhouse Coopers
S.	Seite
Tab.	Tabelle
vgl.	vergleiche
z.B.	zum Beispiel

ABBILDUNGSVERZEICHNIS

TABELLENVERZEICHNIS

1 Einführung

Unternehmen sind heute zunehmend Herausforderungen ausgesetzt, die gleichermaßen Chancen und Risiken in sich bergen. Unternehmen und ihre Entscheidungsträger befinden sich in einem fortlaufenden Interaktionsprozess mit den Märkten, mit ihren internen Strukturen selbst und ihren Organisationsmitgliedern.

Neue Anforderungen entstehen durch stetige Veränderungen der Beschaffungs- und Absatzmärkte (z.b. Ressourcenengpässe, Produktinnovationen von Konkurrenten) sowie auch durch einen ständigen Wandel in den Unternehmen, (z.b. Änderung der Aufbauorganisation, neue Anforderungen an das Qualifikationsprofil von Mitarbeitern).
Ein wesentliches Charakteristikum dieser Interaktionen ist, dass ein Teil der Organisationsmitglieder (Führungskräfte und Kompetenzträger) Vorgänge im Unternehmen initiiert und Entscheidungen treffen muss. Entscheidungsträger setzen in den Unternehmen Handlungen in Bewegung, deren mögliche Auswirkungen sie jedoch nicht vollständig vorhersehen können, d.h. zukünftig entstehende Interaktionsprozesse und Interdependenzen im Unternehmensgeschehen können nicht ausnahmslos erfasst werden. In einer Unternehmung gibt es daher typischerweise keine Entscheidung und Handlung, die in allen Fällen zu geplanten Ergebnissen führen.

Segelmann formuliert daher wie folgt: „Etwas unternehmen bedeutet gleichzeitig ein Risiko übernehmen, bedeutet eine enge Verflochtenheit zwischen eigenen freien Initiativen einerseits und der daraus resultierenden Haftung andererseits."[1]

Einem Unternehmen ist es vor diesem Hintergrund nicht möglich, risikolose Erträge zu erwirtschaften, zumindest nicht über längere Zeiträume[2]. Diese Feststellung führt notwendigerweise dazu, sich mit den Risiken einer Unternehmung näher auseinander zusetzen, da das Erzielen von Erträgen und Gewinnen ein substantieller Bestandteil des Unternehmertums ist.

Unternehmensrisiken können in vielen funktionalen Bereichen identifiziert werden. Dazu gehören Unternehmensbereiche, wie Beschaffung, Produktion, Finanzierung, sowie Marketing und Vertrieb[3]. In all diesen Bereichen werden Entscheidungen getroffen und damit unternehmerische Risiken verursacht.

---

[1] Segelmann, F.: Industrielle Risikopolitik, Diss., Berlin 1959, S. 6; zitiert in: Schuy, A.: Risiko-Management. Eine theoretische Analyse zum Risiko und Risikowirkungsprozess als Grundlage für ein risikoorientiertes Management unter besonderer Berücksichtigung des Marketing, Diss., Frankfurt 1989, S. 1
[2] vgl. Bitz, H.: Risikomanagement nach KonTraG, Stuttgart 2000; S. 19
[3] vgl. Schuy, A.: a.a.O., S. 41

Marketing hat generell die Aufgabe als Bindeglied zwischen Unternehmen und externen Märkten zu fungieren. Der Absatzmarkt ist essenziell erforderlich für den dauerhaften Unternehmenserfolg. Der Absatz von Produkten und Dienstleistungen ist die fundamentale wirtschaftliche Tätigkeit und notwendig, die unternehmerische Existenz nachhaltig zu sichern.

Den Herausforderungen der Absatzmärkte sind viele Unternehmen jedoch nicht mehr gewachsen, die hohe und in den letzten Jahren wachsende Anzahl der Insolvenzen bestätigt dies. Aus den vom Bundesamt für Statistik veröffentlichten Insolvenzstatistiken ist ersichtlich, dass in den Jahren von 1993 bis 2000 im Regelfall eine Zunahme der Unternehmensinsolvenzen festgestellt werden konnte: ein Anstieg von 12.821 (1993) auf 28.235 (2000) Insolvenzen[4]. Eine empirische Untersuchung der Deutschen Bundesbank ergab, dass neben den Finanzierungsproblemen aufgrund einer zu geringen Eigenkapitalausstattung, eine schlechte Absatzentwicklung als wichtige Ursache für Unternehmensinsolvenzen identifiziert werden kann[5].

Studien über neue Produktentwicklungen und ihren Erfolg oder Misserfolg am Absatzmarkt bestätigen die Häufigkeit von Fehleinschätzungen: „Im Durchschnitt werden 85% aller neuen Produkte Flops."[6],belegen Hunsinger und Münch in einer Studie. In einer weiteren Studie von Cooper geben insgesamt 56,5% der befragten Manager an, dass mangelnde oder mangelhafte Marketingaktivitäten als Flopursache in Frage kommen.

Ein Grund für die ungenügenden Marketingaktivitäten war oft ein übertriebener Optimismus über die Qualität der Produkte und der Annahme, sie würden sich von selbst verkaufen und etablieren.[7] Trotz dieser Gründe wird Marketing innerhalb des gesamten Risikomanagementprozesses von nur 10% der Unternehmen berücksichtigt[8].

---

[4] vgl. Schneider, M.: Personalpolitische Anpassungen als Risikomanagement, Diss., München 1998 und www.statistik-bund.de (11.11.01): Insolvenzen von Unternehmen in Deutschland; Anm. d. Verf.: Trotz des neu eingeführten Insolvenzrechts zum 01.01.1999 ist nach dem Bundesamt für Statistik die Anzahl der Unternehmensinsolvenzen mit früheren Statistiken näherungsweise vergleichbar.

[5] vgl. Schneider, M.: a.a.O., S.19

[6] Hunsinger, H.; Münch, A.: Tod im Regal, Studie des deutschen Fachverlages, Frankfurt 1985, S. 7, zitiert in: Eichhorn, J.-P.: Chancen- und Risikomanagement im Innovationsprozess, Diss., Frankfurt 1996, S. 6

[7] vgl. Eichhorn, J.-P.: a.a.O., S. 41

[8] vgl. Studie des Instituts der Niedersächsischen Wirtschaft e.V. und PwC Deutsche Revision: Entwicklungstrends des Risikomanagements von Aktiengesellschaften in Deutschland, , www.pwc.de (03.11.01), S. 13

Die steigende Anzahl der Insolvenzen deutet daher auf hohe Risiken in den Absatzmärkten hin. Viele Unternehmen können nicht adäquat auf die Herausforderungen reagieren und Risiken nicht erfolgreich abwehren. Es findet keine ausreichende Antizipation von Kundenwünschen statt und deren Implementierung in Marketingkonzepten.

Im Rahmen dieser Arbeit werden die Risiken aus der Perspektive des Marketings betrachtet. Marketing ist in hohem Maße für den Absatz von Produkten und Dienstleistungen verantwortlich. Marketingziele, -strategien und -instrumente beeinflussen den Erfolg am Absatzmarkt und damit den Erfolg einer Unternehmung.

2 Terminologie der Begriffe

2.1 Risiko

2.1.1 Kategorisierung des Begriffes Risiko

Der Begriff Risiko erschien als kaufmännischer Terminus erstmals im 16. Jahrhundert in Deutschland. Etymologisch stammt der Risikobegriff vom frühitalienischen „risco" bzw. „rischio" ab[9] und bedeutet so viel wie „etwas wagen"[10]. Die sprachliche, weiter zurückliegende Herkunft ist nicht restlich geklärt. Es gibt drei Versionen, die griechische Herkunft „rhiza" steht für „Wurzel", die spanische Quelle „risco" für „Klippe". Interessant scheint die arabische Herkunft des Risikobegriffes, das arabische „rizq" bedeutet übersetzt: „der von Gottes Gnaden oder dem Geschick abhängige Lebensunterhalt".[11]

Ebenso uneinheitlich wie die etymologischen Wurzeln des Risikobegriffes sind, ebenso vielschichtig wird er in der wirtschaftswissenschaftlichen Literatur diskutiert. Eine allgemein gültige und abschließende Definition des Begriffes gibt es aufgrund unterschiedlicher Auffassungen nicht.
Fritz Philipp weist schon 1967 auf die unterschiedliche Verwendung des Risikobegriffes hin, er schreibt: „Der Behandlung des Risikophänomens in der wirtschaftswissenschaftlichen Literatur liegt keine einheitliche Definition des Risikobegriffes zu Grunde."[12]
Dies hat sich bis heute nicht verändert. Der Risikobegriff wird interdisziplinär überwiegend in Psychologie, Soziologie und den Wirtschaftswissenschaften verwendet.

Haller befindet daher zu Recht, dass die Risikodefinitionen „nie an sich richtig oder falsch, sondern höchstens zweckmäßig oder unzweckmäßig sein können."[13]

Übereinkunft besteht zum großen Teil hinsichtlich der semantischen Belegung des Begriffes „Risiko". Die semantische Deutung des Begriffes ist der Tendenz nach negativ, d.h. Risiko wird eher mit dem Begriff Schaden oder Gefahr in Verbindung gebracht, als mit Chance oder Erfolg.[14]

---

[9] vgl. Hermann, U.: Herkunftswörterbuch. Etymologie, Geschichte und Bedeutung, Gütersloh 1998, S. 531
[10] vgl. Bitz, H.: a.a.O., S. 13
[11] vgl. Hermann, U.: a.a.O., S. 531
[12] Philipp, F.: Risiko und Risikopolitik, Stuttgart 1967, S. 34
[13] Haller, M.: Risikomanagement – Eckpunkte eines integrierten Konzeptes, in: Schriften zur Unternehmensführung, hrsg. von Jacob, H.: Risikomanagement, Bd. 33, Wiesbaden 1986, S. 18
[14] vgl. ebenda, S. 34

Risiko-begriffe	Extensive Fassungen	Entscheidungsbe-zogene Fassungen	Informationsorien-tierte Fassungen
Risiko-verständnis	Gefahr eines Scha-dens der Leistung	Gefahr einer Fehl-entscheidung	Messbare Unge-wissheit
Risiko-definition	Risiko ist die mit jeder betriebswirt-schaftlichen Leis-tung (Bestandhal-tung oder Tätigkeit) verbundene Mög-lichkeit eines mate-riellen oder immate-riellen Schadens (Sandig)	Risiko entsteht auf-grund einer Ent-scheidung unter un-vollkommener In-formation und weicht von der op-timalen Zielerrei-chung und Zielerfül-lung ab. (Diederich)	Risiko ist eine auf Grund von objektiv zuordenbaren Wahrscheinlichkei-ten messbare Unsi-cherheit (Knight)

Tab. 1: Überblick Risikobegriffe der betriebswirtschaftlichen Literatur

Quelle: Der Verfasser, in Anlehnung an: Imboden, C.: Risikohandhabung: Ein entscheidungsbezogenes Verfahren, Stuttgart 1983, S. 41 ff.; Philipp, F.: Risiko und Risikopolitik, Stuttgart 1967, S. 34-38

In dieser Arbeit wird vorerst eine Kategorisierung in Anlehnung an Philipp und Imboden vorgenommen. In der Literatur gibt es weitere Systematisierungsver-suche, ein einheitliches und allgemeinverbindliches Schema ist bisher nicht ent-wickelt. Überschneidungen sind daher im Vergleich zu der Kategorisierung von Imboden und Philipp keine Seltenheit.[15]

In der heutigen Literatur tritt der Risikobegriff häufig in drei Variationen auf: Einerseits im Zusammenhang mit Entscheidung und negativer Zielabweichung (entscheidungsbezogen), andererseits verbunden mit dem Begriff Information (informationsorientiert). Weiterhin erfolgt eine Kombination der beiden Variati-onen um den Risikobegriff einzugrenzen.
Die oben aufgeführten Definitionen werden in den folgenden Abschnitten präzi-siert.

Zweck der dargestellten Systematisierung des Risikobegriffes ist, einen durch-gängig verwendbaren und pragmatischen Begriff für diese Arbeit zu entwickeln. Ziel ist es, einen für das Risikomanagement im Marketing operationalisierbaren und anwendbaren Begriff darzustellen.

---

[15] vgl. Fasse, F.-W.: Risk Management im internationalen strategischen Marketing, Hamburg 1995, S. 44 ff.; Stahl, W.: Risiko- und Chancenanalyse im Marketing, Diss., Frankfurt 1992, S. 5 ff.; vgl. Schuy, A.: a.a.O., S. 10 ff

2.1.1.1 Der extensive Risikobegriff

Im Verständnishorizont des extensiven Risikobegriffes liegt die Ursache und Entstehung des Risikos darin, dass das Risiko als ureigenste Begleiterscheinung des unternehmerischen Handelns auftritt. Die Ursache des Risikos liegt nicht in einem Entscheidungsprozess des Unternehmens begründet und ebenso wenig im Informationsgrad einer Situation. Das Risiko ist die ständige Gefahr einer Fehlleistung in der Unternehmensexistenz (vgl. Sandig).
Risiko ist somit eine potentielle Gefahr, welche jeder Leistungserbringung eines Unternehmens innewohnt. Lisowski betrachtet das Risiko als „Gefahr des Misslingens jedes wirtschaftlichen Tuns und Seins im Betrieb".[16]

Der extensive Risikobegriff ist daher ein umfassender und sehr allgemein gehaltener Begriff und stammt aus der frühen Betriebswirtschaftslehre (1. Hälfte des 20. Jahrhunderts). Dieses betriebswirtschaftliche Modell der frühen Betriebswirtschaftslehre beruht noch auf diversen Annahmen. Beispielsweise, dass der Unternehmer über die vollkommene Voraussicht zukünftiger Geschehnisse verfügt sowie der Prämisse der vollkommenen Unternehmenseinheit, d.h. der Unternehmer ist die alleinige willensbildende Person.[17]

Das Risiko wird nicht als ein unsicherheitsbedingtes Phänomen betrachtet, das vom Prozess der Entscheidungsfindung und Entscheidungsrealisierung abhängt, sondern vielmehr als eine Erscheinung interpretiert, die untrennbar mit der wirtschaftlichen Tätigkeit zusammenhängt.[18] (Vergleiche auch die Definition von Segelmann).

Der Nachteil dieses Begriffes wirkt sich in der mangelnden Operationalisierbarkeit im Rahmen dieser Arbeit aus. Wie in späteren Abschnitten beschrieben spielen Entscheidungen, der Informationsgrad und auch das Zielsystem einer Unternehmung eine wesentliche Rolle im Risikomanagement.

Die extensive Fassung würde die Disziplin eines Risikomanagements in Frage stellen, da keinerlei Regelungsmechanismen vorgesehen wären, um Risiken isoliert und differenziert zu identifizieren, zu bewerten und geeignete Instrumente zur Steuerung bereitzustellen[19].

---

[16] Lisowski, A.: Risikogliederung und Risikopolitik, in: Die Unternehmung 1947, s. 98, zitiert in: Imboden, C.: Risikohandhabung: Ein entscheidungsbezogenes Verfahren, Stuttgart 1983, S. 42

[17] vgl. ebenda, S. 5

[18] vgl. ebenda, S. 6

[19] vgl. Haller, M. (1986): a.a.O., S. 8

2.1.1.2 Der entscheidungsbezogene Risikobegriff

Die entscheidungsbezogene Fassung konzentriert sich auf die Entscheidung als das ursächliche Element des Risikos. Nach Wöhe haben Entscheidungen folgenden Charakter: „Als Entscheidung bezeichnet man die Auswahl einer von zwei oder mehreren Handlungsmöglichkeiten (Alternativen), die dem Entscheidungsträger zur Realisierung eines Ziels zur Verfügung stehen."[20] Hierbei liegt eine Entscheidungssituation auch dann vor, wenn der Entscheidungsträger eine Unterlassensalternative (Nichtstun) vorfindet. Für Entscheidungsträger in Unternehmen (z.b. verantwortliche Mitarbeiter im Marketingbereich) bedeutet dies, dass ihre Entscheidungen immer unter Risiko stattfinden.

Weiterhin kann sich ein Entscheidungsträger eines Unternehmens nicht sicher sein, ob er alle bzw. einen Großteil der möglichen Handlungsmöglichkeiten wahrgenommen hat.[21]

Im Rahmen der entscheidungsbezogenen Risikobegriffe hebt Krelle die Zielorientierung hervor.

Er definiert Risiko als „die Möglichkeit des Eintretens eines ungünstigen Falles, für den die getroffene Entscheidung nicht optimal (im Sinne der eigenen Zielsetzung) war"[22]. Risiko ist daher die „Gefahr einer Fehlentscheidung mit der Folge eines Schadens".[23]

Das Phänomen Risiko taucht im Zusammenhang mit der betriebswirtschaftlichen Planung, der zukunftsgerichteten Entscheidung auf. Unter Planung versteht man die gedankliche Auseinandersetzung mit der Zukunft. Das auf der Planung basierende Handeln soll möglichst in der Zielerreichung münden.

Es besteht jedoch die Möglichkeit der Plan-Abweichung bzw. der Nicht-Erreichung eines Zieles (Zielabweichung), welches durch eine Entscheidung herbeigeführt werden sollte.
Die potentielle Zielabweichung stellt den wesentlichen Merkmalsinhalt des entscheidungsbezogenen Risikobegriffes dar.[24]

---

[20] Wöhe, G.: Einführung in die allgemeine Betriebswirtschaftslehre, 19. Aufl., München 1996, S. 156

[21] Löschenkohl, S.: Entscheidung bei Risiko. Betriebswirtschaftliche Entscheidungen mit Hilfe von mehrfach bedingten Risiko-Nutzen-Funktionen, Diss., Hamburg 1996, S. 5

[22] Krelle, W.: Unsicherheit und Risiko in der Preisbildung, in: Zeitschrift für die gesamte Staatswissenschaft, 113/1957, S. 632-677, zitiert in: Mag, W.: Risiko und Ungewissheit, in: Handwörterbuch der Wirtschaftswissenschaft (HdWW), hrsg. von: Albers, W., Tübingen 1988, S. 479

[23] Mag, W.: a.a.O., S. 480

[24] vgl. Philipp, F.: a.a.O., S. 37

Die Verbindung von Entscheidung und Ziel führt oft zu einer Gleichsetzung der Begriffe Risiko und Zielgefährdung.

Diese Auslegung des Risikobegriffes erscheint in dieser Arbeit noch unvollständig. Es wird hierbei nicht deutlich, wie die Gefährdung und damit das Risiko in einem Risikomanagementprozess abschließend zu beurteilen und zu bewerten ist[25].

Es stellt sich die Frage, ob jede Gefährdung der Zielerreichung das Unternehmen fortlaufend in gleichem Grad substantiell beeinträchtigt – unabhängig davon, wie wahrscheinlich der reale Eintritt der Zielabweichung ist. Die potentielle Abweichung eines geplanten Zieles ist eine Komponente des Risikos, jedoch muss ein Unternehmen auch einschätzen, wie wahrscheinlich die potentielle Abweichung vom geplanten Ziel ist.

Aus diesem Grund wird der informationsorientierte Risikobegriff näher beschrieben.

2.1.1.3 Der informationsorientierte Risikobegriff

Die etymologische Herkunft des Begriffes Information lässt sich aus dem Lateinischen herleiten und bedeutet so viel wie „formen oder ins Bild setzen".[26]

Die informationsorientierten Fassungen werden durch den Informationsgrad der jeweiligen Situation gekennzeichnet. Generell kann der Informationsgrad einer Situation als die Relation aus vorhandener, gegenwärtiger Information (Ist-Information) und notwendiger Information (Soll-Information) beschrieben werden.
Imboden versteht unter dem informationsbezogenen Risikobegriff die Informationsstruktur, mit der zukünftige Ereignisse vorhergesagt werden können. Zukünftigen Ereignissen können aufgrund von Informationen, die sich auf diese Ereignisse beziehen, unterschiedliche Eintrittswahrscheinlichkeiten zugeordnet werden.[27] Wird einer negativen Zielabweichung eine Eintrittswahrscheinlichkeit von 100 % zugeordnet, so ist es sicher, dass die Zielabweichung in einem Schaden mündet.
Es handelt sich bei Zuordnung einer 100 %-tigen Eintrittswahrscheinlichkeit zukünftiger Ereignisse jedoch nicht um eine Situation unter Risiko, sondern um eine Situation unter Sicherheit.

---

[25] vgl. Perridon, L.; Steiner, M.: Finanzwirtschaft der Unternehmung, 9. Aufl., München 1997, S. 99
[26] vgl. Hermann, U.: a.a.O.
[27] vgl. Imboden, C.: a.a.O., S. 47-48

In der Literatur ist weitestgehend anerkannt, dass der informationsorientierte Risikobegriff auf Frank Knight (1927) zurückgeht[28]. Er befasste sich in der ökonomischen Theorie erstmals systematisch mit den Zusammenhängen von „Risiko, Ungewissheit und Profit" (Titel seines Hauptwerkes)[29]. Oehler und Unser weisen jedoch interessanterweise darauf hin, das die informationsbezogene Definition einer Risikosituation auf Keynes (1921) zurückzuführen ist.

Ursprünglich wurde nach Knight eine Risikosituation als solche definiert, wenn man ausschließlich objektive (statistische) Wahrscheinlichkeiten zukünftigen Zuständen (Ereignissen) zuordnen konnte[30]. Für den Risikobegriff bedeutet dies, dass er messbar und quantifizierbar sowie bearbeitbar und berechenbar ist. Diese Ansicht wurde auch von Gutenberg geteilt.

Wird die Eintrittswahrscheinlichkeit zukünftiger Ereignisse nur geschätzt, handelt es sich nach Gutenbergs Auslegung um eine Entscheidung unter Ungewissheit und nicht um eine Entscheidung unter Risiko. Er formuliert „falls aber weder objektive Wahrscheinlichkeiten noch irgendwelche anderen Erkenntnisse vorhanden sind, dann spricht man von Entscheidungen unter Ungewissheit ..., die auf subjektiven Wahrscheinlichkeiten beruhen."[31]

Die Systematisierung Gutenbergs wird in der heutigen Literatur nur selten geteilt.[32] Zu Recht kann man diese Definition dahingehend kritisieren, dass sämtliche Risiken eines Unternehmens nicht erfasst bzw. berücksichtigt werden können.
Geht man davon aus, dass Unternehmen nur objektive Wahrscheinlichkeiten zur Beurteilung von Risiken heranziehen, werden mögliche zukünftige Zustände, die nur „geschätzt" (subjektive Wahrscheinlichkeiten) werden im Risikomanagement nicht beachtet. Dieser enge Risikobegriff gestattet somit nicht die Betrachtung und Einbeziehung sämtlicher potentieller Risiken eines Unternehmens.

---

[28] vgl. Bamberg, G.; Coenenberg, A.: Betriebswirtschaftliche Entscheidungslehre, 10. Aufl., München 2000, S. 78
[29] vgl. Hulpke, H.; Wendt, H.: Das Risikomanagement im Kontext aktueller Entwicklungen im Bereich Corporate Governance, in: Herausforderung Risikomanagement, hrsg. von Hölscher, R; Efgen, R., Wiesbaden 2002, S. 112
[30] Vgl. Oehler, A.; Unser, M.: Finanzwirtschaftliches Risikomanagement, Heidelberg 2001, S. 10;
[31] Gutenberg, E.: Grundlagen der Betriebswirtschaftslehre, 1. Bd., Die Produktion, 24. Aufl., Berlin 1983; zitiert in: Stahl, W.: a.a.O., S. 7
[32] vgl. Philipp, F.: a.a.O., S. 36-37, vgl. auch: vgl. Bamberg, G.; Coenenberg, A.: a.a.O., S. 78

Generell bauen objektive Wahrscheinlichkeiten auf den Erfahrungswerten der Vergangenheit auf.[33]

- Objektive Wahrscheinlichkeiten können aufgrund mathematischer Gesetzmäßigkeiten berechnet werden, deren Ergebnisse sind für jeden Entscheidungsträger gleich, beispielsweise Wahrscheinlichkeiten beim Glückspiel.

In Unternehmen können jedoch auch Entscheidungen auftreten, die nur auf einem geringen oder keinem Erfahrungsschatz beruhen (z.B. Einführung neuer Produkte, Einstieg in neue Märkte, Ausweitung der Kernkompetenz). In all diesen Beispielen ist es notwendig aus dem vorhandenen Erfahrungsschatz der Individuen Wahrscheinlichkeiten abzuschätzen.

- Subjektive Wahrscheinlichkeiten beruhen auf individuellen Erfahrungen, Informationen und persönlichem Wissen der Entscheidungsträger. Sie ermöglichen, dass zukünftigen Ereignissen Eintrittswahrscheinlichkeiten zugeordnet werden können und bilden damit eine subjektive Einschätzung zukünftiger Ereignisse ab.[34]

Auch bei nur geringen oder keinen Erfahrungen lassen sich beispielsweise durch Einsatz von Kreativitätstechniken Aussagen zu Risiken treffen. Allgemein formuliert, können sich ausschließlich Routineentscheidungen im Rahmen eines Risikomanagements im Marketing den objektiven Wahrscheinlichkeiten begrifflich nähern.

Wird der Informationsgrad unter dem Blickwinkel einer Entscheidungssituation betrachtet, kann man auch von einem entscheidungstheoretischen Risikobegriff sprechen[35].

Der entscheidungstheoretische Risikobegriff ist vom entscheidungsbezogenen Risikobegriff zu unterscheiden. Entscheidungsbezogene Begriffe charakterisieren das Risiko als mögliche Fehlentscheidung, der entscheidungstheoretische Begriff unterscheidet Situationen hinsichtlich ihres Informationsgrades und wird in drei charakteristische Fälle eingeteilt:[36]

---

[33] vgl. Stahl, W.: a.a.O., S. 6
[34] vgl. Meyer, R.: Entscheidungstheorie, Wiesbaden 1999, S. 19
[35] vgl. Fasse, F.-W.: a.a.O., S. 45
[36] vgl. Bronner, R.: Planung und Entscheidung, 2. Aufl., Oldenburg 1989, S. 10-12; Anm. d. Verf. Eine differenzierte Betrachtung zur Unterscheidung der Begriffe Unsicherheit und Ungewissheit erfolgt nicht.

- Sicherheit: Es liegt eine Situation vollkommener Information vor, dem Entscheidungsträger ist für jede seiner Aktionen bekannt, in welchem Umfang sie sich realisieren
- Ungewissheit: Der Entscheidungsträger kann für das Eintreten zukünftiger Umweltzustände keine Wahrscheinlichkeiten angeben. Ihm ist lediglich bekannt, dass irgendein Zustand eintreten wird
- Risiko: Dem Entscheidungsträger sind subjektive oder objektiv Wahrscheinlichkeiten für das Eintreten zukünftiger Umweltzustände bekannt

Insgesamt ist ersichtlich, dass der Informationsbegriff (Informationsstand) erheblich mit dem Risikobegriff zusammenhängt. Schneider vergleicht den Begriff Risiko mit „unvollkommener Information"[37].

Zusammenfassend bedeutet dies, dass die ursprüngliche Risikodefinition von F.H. Knight um die subjektive Wahrscheinlichkeiten werden muss.

Es liegt dann eine Situation unter Risiko vor, wenn ihr subjektive (Schätzungen) oder objektive Wahrscheinlichkeiten zuordenbar sind.[38]

2.1.2 Der Risikobegriff dieser Arbeit

Im Folgenden wird der informationsorientierte und entscheidungsbezogene Blickwinkel nochmals skizziert und vom extensiven Risikobegriff abgegrenzt.

Informationsorientierter Blickwinkel:

In der Praxis ist es nicht möglich alle Informationen einer Handlungsalternative zu besitzen, sowie jegliche Interdependenzen der Informationen zueinander zu kennen. Es liegt im Unternehmen typischerweise ein Zustand partieller Information vor. Der Umfang der Information beeinflusst die Einschätzung der subjektiven Eintrittswahrscheinlichkeit durch die Entscheidungsträger. Je höher der Informationsgrad ist, desto besser kann man die Eintrittswahrscheinlichkeit eingrenzen und die Risikosituation bewerten.[39] Der Informationsgrad ist definiert als der Quotient aus vorhandener Information und notwendiger Information[40].

---

[37] Schneider, D.: Investition, Finanzierung und Besteuerung, 6. Aufl., Wiesbaden 1990, S. 339

[38] vgl. Bamberg, G.; Coenenberg, A.: a.a.O., S. 78

[39] Schuy, A.: a.a.O., S. 14

[40] vgl. Kahle, E.: Betriebliche Entscheidungen, 2. Aufl., Oldenburg 1990, S. 40

Entscheidungsbezogener Blickwinkel:

Neubürger weist darauf hin, dass das Risiko ein Maß für die Möglichkeit eines negativen Abweichens des realisierten vom erwarteten Zielerreichungsgrad ist. Die positive Abweichung vom erwarteten Zielerreichungsgrad kann als Chance verstanden werden.[41] Maier vertritt eine semantisch andere Ansicht: Er trennt sich von dem negativ besetzten Begriff des Risikos und verwendet ihn dahingehend wertneutral, dass Risiko gleichzeitig eine Chance und Gefahr in einem Entscheidungsprozess bedeutet. Risiko beinhaltet aus seiner Sicht gleichermaßen eine positive (Chance) und negative (Gefahr) Abweichung von der Zielerwartung.[42] Dieser zweidimensionalen Sicht des Risikobegriffes wird hier nicht gefolgt, da die Gestaltung eines Chancenmanagements sich wesentlich von der Gestaltung eines Risikomanagements unterscheidet.[43]

Der Unterschied zum extensiven Risikobegriff wird darin deutlich; dass dieser Begriff nicht in ein konkret umschriebenes Zielsystem eingebunden ist. Entscheidungs- und informationsbezogene Risikobegriffe sind nur in einem zielorientierten System sinnvoll integriert[44]. Die Basis der betriebswirtschaftlichen Tätigkeit bildet ein unternehmerisches Zielsystem, somit ist der extensive Risikobegriff abzulehnen.

Der Risikobegriff dieser Arbeit wird aufgrund der oben dargelegten Ausführungen anhand folgender Kriterien eingegrenzt (in Anlehnung an Imboden und Stahl):[45]

- Risiken sind Begleiterscheinungen von Entscheidungen

- Risiken weisen zwei Komponenten auf, die

  o Zielabweichung, unter der Zielabweichung wird immer eine negative, unerwünschte Abweichung verstanden und
  o Eintrittswahrscheinlichkeit eines zukünftigen Ereignisses

- Risiken hängen von dem Zielsystem einer Unternehmung ab

- Risiken entstehen auch bei nicht bzw. nur schwer quantifizierbaren Zielen

---

[41] vgl. Neubürger, K.W.: Chancen- und Risikobeurteilung im strategischen Management, Stuttgart 1989, S. 29
[42] vgl. Maier, K.: Risikomanagement im Immobilienwesen, Frankfurt 1999, S. 5
[43] vgl. Fischer, J.: Marktchancensuche im Unternehmen, Diss., Frankfurt 1994
[44] vgl. Haller, M. (1986): a.a.O., S. 18
[45] vgl. Imboden, C.: a.a.O., S. 51 und Stahl, W.: a.a.O., S. 18

Aufgrund der Kriterien (z.B. Zielabweichung) hat der Risikobegriff dieser Arbeit normative Bedeutung, d.h. er beruht auf einer Bewertung und Normierung eines Individuums (oder einer Gruppe) und orientiert sich an subjektiven Maßstäben.

2.2 Risikomanagement

2.2.1 Erläuterungen zum Risikomanagement

Der Begriff Risikomanagement findet in der Literatur keine einheitliche Verwendung. Risikomanagement wird generell als ein Sammelbegriff verstanden, der in Unternehmen für risikoorientierte Überlegungen und Handlungen steht.[46] Weitestgehend zeichnet sich Risikomanagement durch eine systematisierte Vorgehensweise aus, bei der identifizierte Risiken analysiert und mit Hilfe von Maßnahmen bewältigt werden. Den Gegenstand des Risikomanagements bildet das Risiko mit seinen zahlreichen Erscheinungsformen (z.B. Kursrisiko, Marktrisiko und Produktrisiko).

Die Ursprünge des Begriffes finden sich in den 40er-Jahren in den USA, erster Ausgangspunkt dort war die Betriebswirtschaftslehre der Versicherung. Ein ausgewogenes System zur Risikobewältigung wurde jedoch noch nicht entwickelt. Erst in den 60er-Jahren verbreitete sich der Begriff „Risk Management" in den Vereinigten Staaten, es entstanden erste Abteilungen, die sich mit dem Management von Risiken auseinander setzten.[47]

Wichtige Eckpunkte eines Konzeptes zum Risikomanagement lieferte Europa erst in den 70er-Jahren. Nach diversen Veröffentlichungen in dieser Zeit konnte eine Tendenz zur Entwicklung eines Risikomanagements festgestellt werden. Erst 1986 versucht Haller Eckpunkte eines Konzeptes zum integrierten Risikomanagement aufzuzeigen.[48] Darauf aufbauend entwickelte sich das heutige Verständnis des Risikomanagements.

Brühwiler definiert Risikomanagement folgendermaßen: „Risk Management umfasst die gesamte Unternehmenspolitik unter besonderer Berücksichtigung der ihr innewohnenden Chancen und Risiken."[49]

---

[46] vgl. Maier, K.: a.a.O., S. 16

[47] vgl. Kessler, M.: Risikomanagement der Produktehaftpflicht als industrielle Führungsaufgabe, Bern 1980, S. 1

[48] vgl. Schuy, A.: a.a.O., S. 29 und vgl. Haller, M. (1986), a.a.O.

[49] Brühwiler, B.: Internationale Industrieversicherung: Risk Management, Unternehmensführung Erfolgsstrategien, Karlsruhe 1994, S. 6

Unter Unternehmenspolitik versteht Hinterhuber „die Gesamtheit von Unternehmensgrundsätzen, die in einem Leitbild festgehalten sind, (...)."[50] Mit der Unternehmenspolitik versucht die Unternehmensleitung, das gesamte Unternehmen hinsichtlich des Verhaltens, der Normen und Werte zu ordnen und zu koordinieren[51].

Die Definition von Brühwiler kann insofern ergänzt werden, da er dem Risikomanagement einen übergeordneten Charakter bezogen auf die gesamte Unternehmenspolitik verleiht und damit jegliches Verhalten, sowie Normen und Werte unter dem Blickwinkel eines Risikomanagements betrachtet. Risikomanagement ist dahingehend nicht gleichzusetzen mit Unternehmensführung, es ist vielmehr auch eine bewusstseinsschaffende Instanz der Risikoexistenz im Rahmen der Führungsaufgabe.

Hier scheint es sinnvoll, als einen übergeordneten Unternehmensgrundsatz, die Idee der Sicherheit ins Spiel zu bringen und aus der Idee der Sicherheit ein Risikomanagement zu entwickeln[52].
Unter Sicherheit versteht Haller in diesem Zusammenhang, „dass der Eintritt aller Gefahren für eine Unternehmung verhindert wird."[53] Es ist wichtig darauf hinzuweisen, dass der Eintritt von Gefahren vermieden werden soll, nicht das Eingehen von unternehmerischen Risiken und damit auch die Wahrnehmung von unternehmerischen Chancen.

Im Folgenden wird die Idee bzw. das Ziel der Sicherheit" näher beleuchtet.
Kessler weist darauf hin, dass wohl als erster Fayol 1929 auf das Sicherheitsziel einer Unternehmung eingegangen ist[54].

Fayol definiert das Sicherheitsziel aus damaliger Sicht folgendermaßen: „Ihre [Gruppe mit Sicherheitsfunktion, Anm. d. Verf.] Aufgabe besteht darin, das Vermögen und die Menschen gegen Diebstahl, Feuersbrunst und Überschwemmung zu sichern, Streiks, Anschläge und überhaupt alle Widerstände, die aus dem Zusammenleben der Menschen hervorgehen und den Gang und selbst den Bestand der Unternehmung gefährden können, zu verhüten."[55]

---

[50] Hinterhuber, H.: Strategische Unternehmensführung, I. Strategisches Denken, 5. Aufl., Berlin 1992, S. 27
[51] vgl. ebenda S. 57
[52] vgl. Haller, M. (1986): a.a.O., S. 25
[53] Haller, M.: Risiko-Management und Risiko-Dialog, in: Risiko und Wagnis. Die Herausforderung der industriellen Welt, hrsg. von: Schüz, M., Pfullingen 1990, S. 236
[54] Kessler, M.: a.a.O., S. 1
[55] Fayol, H.: Allgemein und industrielle Verwaltung, München 1929, S. 7; zitiert in Kessler, M.: Risikomanagement der Produktehaftpflicht als industrielle Führungsaufgabe, Bern 1980, S. 35

Diesem gedanklichen Anstoß folgten in der Literatur viele weitere Ansätze, die sich mit dem Sicherheitsziel auseinander setzen.

Dem Sicherheitsziel kann generell eine langfristige Sicht unterstellt werden. Die Idee bzw. das Ziel der Sicherheit begründet sich mit der Idee der nachhaltigen Existenz eines Unternehmens. Das Sicherheitsziel stellt somit eine Ausprägung des Erhaltungszieles von Unternehmen dar, vergleichbar mit dem langfristigen Ziel der Gewinnmaximierung. In langfristiger Sicht sind die Ziele „Gewinnmaximierung" und „Sicherheit" miteinander kompatibel, beide stehen nicht in Widerspruch zum Erhaltungsziel einer Unternehmung. Sie sind vielmehr in einer gemeinsamen Verflechtung notwendig, um den Fortbestand und damit die Existenz eines Unternehmens dauerhaft zu sichern.

Das Sicherheitsziel kann im Zusammenhang mit anderen Unternehmens- und Marketingzielen jedoch insbesondere aufgrund seiner Schutzfunktion hervorgehoben werden. Die Idee der Sicherheit hält sich sozusagen immer im Hintergrund der anderen Ziele auf und prägt diese dahingehend, dass die anderen Ziele nicht dem Erhaltungstrieb einer Unternehmung entgegenstehen.

Die Ansicht, dass die Idee der Sicherheit ein untergeordnetes Ziel des unternehmerischen Zielsystems darstellt wird aus den unten genannten Gründen nicht vertreten[56].

Auf den ersten Blick scheint es sehr wohl so, dass Unternehmen nach Gewinn streben und nicht nach Sicherheit. In diesem Zusammenhang sei darauf verwiesen, dass das Erhaltungsziel und damit seine Ausprägung „die Idee der Sicherheit" nicht nur als das Meta-Unternehmensziel betrachtet werden kann, sondern vielmehr als Ziel der Betriebswirtschaftslehre selbst.
Walther schreibt hierzu: „Der betriebswirtschaftliche Grundsatz der Erhaltung der Unternehmen bedeutet, dass sich die Betriebswirtschaftslehre das Ziel setzt, der Unternehmung diejenigen Mittel und Wege anzugeben, die es ihr ermöglichen sich selbst dauernd zu erhalten".[57]
Vor diesem Hintergrund kann die Idee der Sicherheit als ein Meta-Ziel eines Unternehmens interpretiert werden und steht nicht neben den normalen Unternehmenszielen.

---

[56] vgl. Sauerwein, E.: Strategisches Risiko-Management in der bundesweiten Industrie, Frankfurt 1994, S. 33
[57] Walther, A.: Einführung in die Wirtschaftslehre der Unternehmung, 1 Band: Der Betrieb, Zürich 1947, S.9; zitiert in Kessler, M.: Risikomanagement der Produktehaftpflicht als industrielle Führungsaufgabe, Bern 1980, S. 37

Im Hinblick auf die Zielsetzung des Risikomanagements wird aufgrund der oben gemachten Ausführungen deutlich, dass das Risikomanagement

- der Sicherung der erfolgreichen Erfüllung von Unternehmenszielen dient. Risikomanagement ist daher die Umsetzung einer Leitidee der Unternehmen – Der Idee der Sicherheit.

Im Kontext zu dieser Arbeit hat das Risikomanagement im Marketing die Aufgabe und das Ziel, die Sicherung der Marketingziele zu gewährleisten.

2.2.2 Der Risikomanagementprozess

Risikomanagement selbst hat Ziele. Diese sollen zur Orientierung dienen, einen Risikomanagementprozess in einem Unternehmen durchzuführen. Die Ziele sollen für einen funktionierenden Risikomanagementprozess sorgen, um die einzelnen Bausteine des Prozesses hinsichtlich ihrer Effektivität und Effizienz in einem Unternehmen zu stützen.

Hierzu zählen beispielsweise:

- Optimierung der Risikokosten

- Reduzierung der Schadenseintritte

- Wirtschaftlichkeit des Risikomanagementprozesses

- Orientierung am Grenzrisiko

In engeren Definitionen des Risikomanagements, die den prozessualen Charakter in den Vordergrund stellen, wird oftmals der Risikomanagementprozess dem Risikomanagement gleichgesetzt[58].

Weiter gefasste Definitionen sehen das Risikomanagement im Zusammenhang mit ablauforganisatorischen und aufbauorganisatorischen Maßnahmen.[59] Schwerpunkt dieser Arbeit ist die enger gefasste Definition und damit der Risikomanagementprozess.

---

[58] Zech, J.: Integriertes Risikomanagement – Status quo und Entwicklungstendenzen aus der Perspektive eines Versicherungskonzerns, in: Herausforderung Risikomanagement, hrsg. von Hölscher, R; Hölschgen, R., Wiesbaden 2002, S. 39
[59] von Hohnhorst, G.: Anforderungen an das Risikomanagement nach dem KonTraG, in: Herausforderung Risikomanagement, hrsg. von Hölscher, R; Hölschgen, R., Wiesbaden 2002, S. 98 ff.

Bevor die einzelnen Bausteine des Risikomanagementprozesses erläutert werden, soll noch eine Differenzierung operativen und strategischen Risikomanagements erfolgen. Ausgehend von der Leitidee der Sicherheit kann Risikomanagement in einem operativen und strategischen Kontext betrachtet werden.

Hölscher versteht unter einem strategischen Risikomanagement die Bereitstellung der für die Umsetzung des operativen Risikomanagementprozesses benötigten Ressourcen, Strukturen und Zielvorgaben. Das operative Risikomanagement ist ein systematischer Prozess, in welchem Risiken analysiert und unter Beachtung der unternehmerischen Ziele bewältigt werden müssen.[60] Das strategische Risikomanagement hat daher die Aufgabe, den Sicherungsprozess in einem Unternehmen zu initiieren und zu koordinieren. Es handelt sich hierbei um eine Führungsaufgabe und leitet sich aus dem Unternehmensgrundsatz der Sicherheit ab[61]. Das strategische Management soll daher einem Unternehmen die Fähigkeit vermitteln frühzeitig auf Risiken reagieren zu können und nicht erst den Eintritt eines Schadens festzustellen.

Die Gesamtkoordination des Risikomanagements „basiert auf dem strategischen Management, welches sich mit dem strategischen Risikomanagement in einem weiten Bereich deckt (längerfristige Überlebensfragen sind zugleich Risikofragen)"[62].

Die Unterscheidung des strategischen und operativen Risikomanagements kann sich auch auf den Zeithorizont beziehen. Strategisches Risikomanagement hat die Aufgabe, den Risikomanagementprozess auf längerfristige Entscheidungen und Ziele auszurichten, die im unternehmerischen Gesamtplan integriert sind. Es basiert somit insbesondere auf einer Risikokultur mit einem unternehmensweiten gemeinsamen Werte- und Normengerüst. Operatives Risikomanagement setzt sich mit eher kurzfristigen Entscheidungen und Zielen auseinander.[63]

Diese Einteilung wird auch von Schuy geteilt, er sieht die Aufgabe des strategischen Risikomanagements in der „Entwicklung langfristig angelegter Konzepte zur Absicherung potentieller Gefahren."[64]

---

[60] vgl. Hölscher, R.: Gestaltungsformen und Instrumente des industriellen Risikomanagements, in: Schierenbeck, H. (Hrsg.): Risk Controlling in der Praxis, Stuttgart 2000, S. 306
[61] vgl. Haller, M. (1986): a.a.O., S. 17
[62] vgl. Haller, M.: Ausblick Künftige Entwicklung im Risikomanagement, in: Jacob,H. (Hrsg.): Risikomanagement, Schriften zur Unternehmensführung, Wiesbaden 1986, S. 125
[63] vgl. Schulte, M.: Bank-Controlling II. Risikopolitik in Kreditinstituten, 3. Aufl., Frankfurt 1998, S. 19-23
[64] Schuy, A.: a.a.O., S. 237

34

Im Rahmen dieser Arbeit wird das strategische Risikomanagement als der Rahmen verstanden, in welchem sich das operative Risikomanagement bewegt. In Unternehmen gibt es strategische Führungsentscheidungen, die Risiken in sich bergen, sowie operative Risiken, die sich durch einen größeren Detailliertheits- oder Konkretisierungsgrad sowie kurzfristigeren Zeithorizont auszeichnen. Hierbei sind die operativen Risiken ungleich stärker detailliert und präzisiert. Je schneller Risikowirkungsprozesse ablaufen, desto schneller müssen Risikosteuerungsinstrumente eingesetzt werden, d.h. operative Maßnahmen sind erforderlich. Meist handelt es sich bei Risikosituationen jedoch um sehr komplexe und nur schwer fassbare Situationen, deren zeitlicher Horizont nur unzureichend abschätzbar ist.

Der Prozess des Risikomanagements ist daher das Instrument mit Risiken umzugehen, die aus einem kurzfristigen sowie langfristigen Horizont erwachsen. Der Prozess des Risikomanagements im Marketing ist der Betrachtungsgegenstand dieser Arbeit.

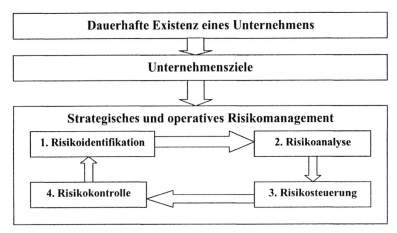

Abb. 1: Der Risikomanagementprozess

Die Abbildung macht deutlich, dass die Unternehmensgrundsätze mit den Unternehmenszielen in Verbindung stehen und die Ziele für ein Risikomanagement von Bedeutung sind. Der Risikomanagementprozess hat vier Bausteine,[65] jeder Baustein sollte sich an den oben aufgeführten Zielen des Risikomanagement orientieren:

---

[65] vgl. Schulte, M.: a.a.O., S. 15 ff.; vgl. Sauerwein, E.: a.a.O., S. 39 ff.

1. Risikoidentifikation:
   Die Risikoidentifikation hat die Aufgabe Risiken möglichst vollständig und rasch zu erfassen. Sie ist auch in der Lage sein, zukünftige Risiken zu prognostizieren. Die Risikoidentifikation wird in einem fortlaufenden Prozess durchgeführt. Einmalige Risikoinventuren sind zur Existenzsicherung eines Unternehmens nicht ausreichend.

2. Risikoanalyse:
   Die Risikoanalyse bewertet und beurteilt die Risiken hinsichtlich der Schadenshöhe und Eintrittswahrscheinlichkeit. Sie macht Angaben inwieweit die Risiken Auswirkungen auf das Erreichen wichtiger Unternehmensziele wie die Vermögens-, Finanz- und Ertragslage haben. Im Rahmen der Risikoanalyse werden Risiken selektiert und segmentiert.

3. Risikosteuerung:
   Die Risikosteuerung beschäftigt sich mit dem Umgang der Risiken. Sie beantwortet die Frage, mit welchen Maßnahmen man die Risiken bewältigt. Das primäre Ziel besteht darin, mit den Maßnahmen den Zielerreichungsgrad zu optimieren. Die Risikosteuerung zielt somit auf die Beeinflussung der identifizierten und analysierten Risikopositionen.

4. Risikokontrolle:
   Die Risikokontrolle dokumentiert und überwacht die eingesetzten Maßnahmen hinsichtlich der angestrebten Zielerreichung. Die Risikokontrolle überprüft die Wirksamkeit der Maßnahmen sowie deren Wirtschaftlichkeit.

Der Risikomanagementprozess wurde schon 1980 von Brühwiler in dieser Form publiziert. Er stellte einen Aufgabenkatalog auf, der dem Ziel der Risikobewältigung Rechnung trägt.

Er beginnt mit der Erfassung der effektiven Risikolage. Hierbei unterscheidet er die Risikoerkennung und die Risikoanalyse. Weiterhin müssen Maßnahmen formuliert werden um dem Metaziel Sicherheit gerecht zu werden. Letztendlich münden diese Bausteine in der Kontrolle der risikopolitischen Zielerfüllung, der Wirtschaftlichkeit und der effektiven Lage.[66]

---

[66] Brühwiler, B.: Risk Management – eine Aufgabe der Unternehmensführung, Bern 1980, S. 78

2.3 Erläuterungen zum Marketing

2.3.1 Definition von Marketing

Marketing bedeutet nach einer klassischen Definition von Meffert: „Die Planung, Koordination und Kontrolle aller auf die aktuellen und potentiellen Märkte ausgerichteten Unternehmensaktivitäten. Durch eine dauerhafte Befriedigung der Kundenbedürfnisse sollen die Unternehmensziele verwirklicht werden."[67]

Diese Definition macht deutlich, dass es heute selbstverständlich erscheint, Marketingaktivitäten kundenorientiert durchzuführen, d.h. dem Kunden als Problemlöser und Partner gegenüber zustehen und ihm einen zusätzlichen Nutzwert durch das erworbene Produkt oder die erhaltene Dienstleistung zu vermitteln.

Eine weitere Definition von Bruhn bestätigt diesen Blickwinkel: „Marketing ist eine unternehmerische Denkhaltung. Sie konkretisiert sich in der Planung, Organisation, Durchführung und Kontrolle sämtlicher interner und externer Unternehmensaktivitäten, die durch eine Ausrichtung der Unternehmensleistungen am Kundennutzen im Sinne einer konsequenten Kundenorientierung darauf abzielen, absatzmarktorientierte Unternehmensziele zu erreichen."[68]

Die Definitionen von Meffert und Bruhn können in einem Punkt ergänzt werden. Im Kern sagen beide Definitionen aus, dass es sich um eine Denkhaltung handelt, „die durch die primäre Orientierung am potentiellen Kunden und seinen Bedürfnissen gekennzeichnet ist."[69]
Die Ergänzung der Marketingdefinitionen wird von Kroeber-Riel präzisiert: „Es genügt nicht, objektive Leistungen anzubieten. Es muss auch dafür gesorgt werden, dass die Leistungen von der Umwelt wahrgenommen werden."[70]

Die Unternehmensaktivitäten müssen von den Kunden individuell wahrgenommen werden, nicht die Ausrichtung der Unternehmensaktivitäten in Richtung des Kunden kann schon alleine als Kundenorientierung und damit auch als Marketing verstanden werden, sie ist lediglich ein notwendiger Bestandteil.

---

[67] Meffert, H.: Marketing. Grundlagen marktorientierter Unternehmensführung, 8. Aufl., Wiesbaden 1998, S. 7
[68] Bruhn, M.: Marketing. Grundlagen für Studium und Praxis, 4. Aufl., Wiesbaden 1999, S. 14
[69] Hill, W; Rieser, I.: Marketing-Management, Bern 1990, S. 9
[70] Kroeber-Riel, W.; Weinberg, P.: Konsumentenverhalten, 6. Aufl., München 1996, S. 267

Die Kundenorientierung vervollständigt sich erst mit der Möglichkeit, dass die Unternehmensaktivitäten im subjektiven Wahrnehmungsprozess der Kunden präsent sind und besteht daher aus zwei Komponenten (multiplikativ verknüpft):

Kundenorientierung =   Ausrichtung der Unternehmensaktivitäten am Kunden

*

Subjektiv wahrnehmbare Aktivität vom Kunden

2.3.2 Das Zielsystem einer Unternehmung und im Marketing

Aus den oben erläuterten Ausführungen zum Risikobegriff wurde ersichtlich, dass Risiken Begleiterscheinungen von Entscheidungen sind, sowie ein Zielsystem benötigen.
Ziele dienen als Ausgangsbasis, als Steuerungsgrundlage und zur Beurteilung und Bewertung von möglichen Entscheidungen und damit von Risiken. „Unter einem Ziel versteht man die Intention eines Entscheidungsträgers [oder Unternehmens] einen erstrebenswerten und zukünftig veränderbaren Zustand zu erreichen"[71]

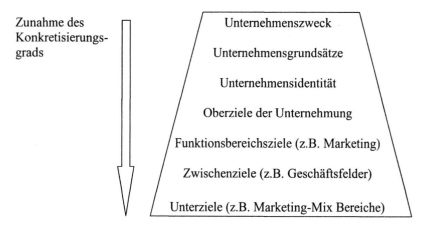

Abb. 2: Hierarchie der Zielebenen

Quelle: der Verfasser, in Anlehnung an: Meffert, H.: Marketing-Management. Analyse – Strategie – Implementierung, Wiesbaden 1994, S. 79

---

[71] Löschenkohl, S.: a.a.O., S. 12

Im Rahmen dieser Arbeit und eines Risikomanagements im Marketing sollen nur ökonomisch relevante Marketingziele betrachtet werden, d.h. Ziele und Motive der Individuen eines Unternehmens (z.B. Machtstreben, Einkommenserzeilung, Leitungsmotiv) sind nicht berücksichtigt.

Der Unternehmenszweck beschreibt die Art der Leistungen und Produkte, die eine Unternehmung am Markt erbringen will. Heutzutage sind Unternehmenszweckformulierungen meist marktbezogen („Wie können wir unseren Kunden mit unseren Problemlösungen helfen?").
Die Unternehmensgrundsätze wiederum sollen dem Unternehmenszweck in einen Rahmen einbinden und einen verbindlichen Charakter für Führungskräfte und Mitarbeiter darstellen.
In Beziehung zu den Unternehmensgrundsätzen steht die Unternehmensidentität, sie drückt sich im Verhalten, der Kommunikation und dem Erscheinungsbild einer Unternehmung aus, man kann sie daher auch als die Unternehmenspersönlichkeit bezeichnen.
Der Unternehmenszweck, die Unternehmensgrundsätze und die Unternehmensidentität können auch als übergeordnete Ziele verstanden werden.[72]

Die nachfolgenden Ziele, von den Oberzielen bis hin zu den Unterzielen, werden als Handlungsziele bezeichnet. Meffert beschreibt mehrere Oberziele einer Unternehmung, z.B. Rentabilitätsziele, finanzielle Ziele, Markt- und Prestigeziele, sowie Marktstellungsziele. Diese Oberziele stehen miteinander in Verbindung, so sind finanzielle Ziele (z.B. Liquidität) oftmals Voraussetzung für Marktstellungsziele (z.B. Erschließung neuer Märkte). Andererseits können Marktstellungsziele (z.B. Wachstum des Marktanteils) Auswirkungen auf die Liquidität haben.[73]

Ein Funktionsbereichsziel eines Unternehmens betrifft die Marketingziele. Ein Zielsystem im Marketing ist für ein Risikomanagement im Marketing eine notwendige Voraussetzung.

Hill und Rieser teilen die Marketingziele in wirtschaftlich-quantitative, qualitative und prozessuale Ziele ein. Hierbei liegt der Schwerpunkt eher auf einer betriebswirtschaftlichen und weniger auf einer psychographischen Zielbildung.[74]

---

[72] vgl. Meffert, H.: Marketing-Management. Analyse – Strategie – Implementierung, Wiesbaden 1994, S. 79-85
[73] vgl. Meffert, H. (1998): a.a.O., S. 71
[74] vgl. Hill, W.; Rieser, I.: a.a.O., S. 177-178

Im Rahmen dieser Arbeit wird eine Systematisierung der Marketingziele nach Meffert vorgenommen. Er spricht generell von psychographischen und ökonomischen Marketingzielen. Diese Einteilung folgt der Annahme, dass ökonomische Ziele nur erreicht werden, wenn psychologische Wirkungen beim Konsumenten erzielt werden können, die in einem Kaufakt oder Wiederkauf münden.[75]

Kroeber-Riel und Weinberg weisen in diesem Zusammenhang beispielsweise darauf hin, dass die Kaufwahrscheinlichkeit u.a. mit der Stärke der positiven Einstellung (Image) zum Produkt oder der Dienstleistung steigt[76]. Es gibt daher eine Vielzahl von psychographischen Marketingzielen, die in werbepsychologischen Untersuchungen ermittelt wurden und einen großen Einfluss auf die ökonomischen Ziele einer Unternehmung haben. Auch in diesem Zusammenhang wird ersichtlich, dass der Risikobegriff von Knight und Gutenberg ein Risikomanagement im Marketing nicht ermöglichen würden. Psychographische Ziele die ein Unternehmen erreichen möchte sind sehr von subjektiven Annahmen geprägt.

Folgende psychographische Ziele können hierbei von Bedeutung sein:[77]

- Bekanntheitsgrad
- Kaufpräferenz
- Kundenbindung
- Image/Einstellung
- Kundenzufriedenheit
- Involvement
- Informationsaufnahme, -verarbeitung und -speicherung von Werbeinhalten

Die ökonomischen Marketingziele lassen sich u.a. hinsichtlich:[78]

- Absatz
- Markt
- Kosten
- Umsatz
- Deckungsbeitrag
- Cashflow

segmentieren.

Es sind natürlich Überkreuzungen diverser Ziele unterschiedlicher Funktionsbereiche möglich, ein angemessener Cashflow ist nicht nur ein ökonomisches Ziel des Marketings, sondern auch ein finanzielles Ziel bezogen auf die Liquiditätsplanung (Finanzziele).

---

[75] vgl. Meffert, H. (1994): a.a.O., S. 96
[76] vgl. Kroeber-Riel, W.; Weinberg, P.: a.a.O., S. 171
[77] vgl. Bruhn, M.: a.a.O., S. 26-27
[78] vgl. Meffert, H. (1994): a.a.O., S. 98-100

Die Zielplanung ist daher ein komplexer Prozess, der über Funktionsbereiche hinaus koordiniert werden muss. Die Zielplanung ist somit eine Aufgabe der Unternehmensführung, zumindest die Entscheidung über die Ausprägungen der Zielinhalte. Im Prozess der Zielfindung ist es jedoch erforderlich auch nachgeordnete Führungsebenen mit einzubeziehen.

Die Zunahme des Konkretisierungsgrades in der Zielhierarchie wird deutlich, wenn aus den o.g. Funktionsbereichszielen die Instrumentenziele des Marketings abgeleitet werden. Die folgende Abbildung soll mögliche Ziele der Marketinginstrumente verdeutlichen.

Produktziele	Preisziele	Kommunika-tionsziele	Serviceziele	Distributi-onsziele
Exklusives Produkt Massenpro-dukt Standardpro-dukt Designorien-tiertes Produkt	Preiskontrolle Preisimage Rabatt Zahlungsein-gang Gute Bonität der Abnehmer	Aktivierung Bekanntheit steigern Kaufabsicht verstärken Bestimmtes Image aufbau-en	Lieferbereit-schaft Lieferqualität Kundendienst Garantien	Logistikkosten Erschließung des Online-Marktes

Tab. 2: Ziele im Marketing-Mix

Quelle: der Verfasser, in Anlehnung an: Koppelmann, U.: Marketing. Einführung in die Entscheidungsprobleme des Absatzes und der Beschaffung, 6. Aufl., Düsseldorf 1999, S. 89

2.3.3 Marketinginstrumente

Marketinginstrumente sind nach Bruhn „Werkzeuge, die Möglichkeiten eröffnen, auf Märkte gestaltend einzuwirken."[79]

Marketinginstrumente dienen daher der Umsetzung der Ziele und Strategien in vom Kunden wahrnehmbare Inhalte und gehen auf McCarthy zurück. In der Literatur finden sich weitere Kategorisierungsmöglichkeiten, Hill führt beispielsweise den persönlichen Verkauf als ein zusätzliches und eigenständiges Instrument auf[80].

---

[79] Bruhn, M.: a.a.O., S. 29
[80] vgl. Hill, W.; Rieser, I.: a.a.O., S. 209

Produktpolitik	Preispolitik	Kommunikationspolitik	Vertriebspolitik
Produktinnovation Produktverbesserung Produktdifferenzierung Markierung Namensgebung Serviceleistungen Sortimentsplanung Verpackung	Preis Rabatte Boni und Skonti Lieferbedingungen Zahlungsbedingungen	Mediawerbung Verkaufsförderung Direkt-Marketing Puplic-Relations Sponsoring Persönliche Kommunikation Messen Eventmarketing Multimediakommunikation Mitarbeiterkommunikation	Vertriebssysteme Verkaufsorgane Logistiksysteme

Tab. 3: Instrumente im Marketing-Mix

Quelle: Bruhn, M.: Marketing. Grundlagen für Studium und Praxis, 4. Aufl. Wiesbaden 1999, S. 31

Ergänzend zu McCarthy kann auch die Servicepolitik als ein eigenes Marketinginstrument identifiziert werden[81]. Ihre Bedeutung wird in zunehmend transparenteren und gesättigteren Märkten anwachsen. Als Servicepolitik kann man die Gestaltung „von Dienstleistungen der Produzenten und Händler bezeichnen, die vor oder nach dem Kauf erbracht werden und dem Abnehmer helfen, vollen Nutzen aus dem gekauften Gut zu ziehen."[82] Das Dienstleistungsangebot um das eigentliche Produkt wird umfangreicher, dazu gehören z.B. 24-Std-Abholservice und Call-Center.

Marketinginstrumente dienen dazu, in operationaler Hinsicht die Marketingziele zu erreichen. Aus den einzelnen Instrumenten muss ein Marketing-Mix optimal kombiniert werden. Der Begriff Marketing-Mix geht auf Culliton (1948) und Borden (1964) zurück[83] und beschreibt die Art, den Umfang und die zeitliche Reihenfolge der einzusetzenden Instrumente.[84]

[81] vgl. Ziegler, W.: Strategische Unternehmensführung (Skript), Geislingen SS 2001, S. 12
[82] Hill, W; Rieser, I.: a.a.O., S. 256
[83] vgl. Meffert, H. (1998): a.a.O., S. 882
[84] vgl. Ramme, I.: Marketing – Einführung mit Fallbeispielen, Aufgaben und Lösungen, Stuttgart 2000, S. 261

3 Risikomanagement im Marketing

3.1 Ausgangslage eines Risikomanagements im Marketing

Kotler charakterisiert Marketingentscheidungen folgendermaßen: „Allgemein lassen sich Marketingentscheidungen dadurch kennzeichnen, dass sie unter unvollkommener Information über Prozesse getroffen werden müssen, die dynamisch, nichtlinear, verzögert, stochastisch und sich gegenseitig beeinflussend sind."[85] Diese Charakterisierung weißt darauf hin, dass Marketingentscheidungen, im Sinne dieser Arbeit, unter Risiko stattfinden.

Entscheidungen unter unvollkommener Information beziehen sich auf den informationsorientierten Risikobegriff. Die Definition von Kotler macht schon zu Beginn eines Risikomanagements im Marketing die Schwierigkeiten der Operationalisierbarkeit deutlich.
Die genannten Eigenschaften einer Marketingentscheidung „nichtlinear, verzögert und sich gegenseitig beeinflussend" sind daher im Rahmen dieser Arbeit in einem pragmatischen Ansatz zu integrieren.

In Unternehmen müssen Entscheidungen über Marketingziele und den daraus abgeleiteten Strategien sowie deren operationale Umsetzung (Marketing-Mix) getroffen werden. Das Entscheidungsumfeld eines Unternehmens lässt sich als eine komplexe Struktur mit sich gegenseitig beeinflussenden, dynamischen Prozessen beschreiben, in welchem Risiken entstehen, vorhanden sind und wieder versinken[86].

Daher scheint es sinnvoll, Marketing unter Berücksichtigung von Risiken zu betreiben, d.h. ein Unternehmen sollte, um eine möglichst geringe Abweichung der geplanten Marketingziele zu realisieren, einem Risikomanagement im Marketing nachgehen.

Ziel eines Risikomanagements im Marketing ist daher auch, in Unternehmen ein Risikobewusstsein für diese Risiken zu schaffen. Dies bedeutet, dass Risiken im Marketing besondere Beachtung im unternehmensweiten Risikomanagement finden müssen. Die Entscheidungsträger sowie die relevanten Mitarbeiter müssen daher die Risiken identifizieren, analysieren, steuern und einer laufenden Kontrolle unterziehen.

---

[85] Kotler, P.: Marketing-Management, 2. Aufl., Stuttgart 1974; zitiert in: Meffert, H. (1998): a.a.O., S. 55
[86] vgl. Schuy, A.: a.a.O., S. 202

Die Aktivitäten im Marketing erfolgen im Hinblick auf die Erfüllung der Marketingziele. Aufgrund der gewählten Definition von Risiko sind die Marketingrisiken natürlich aus dem Zielsystem des Marketings sowie seiner Definition abzuleiten. Dies gilt ebenso für den gesamten Risikomanagementprozess und somit für die Identifikation, Analyse, Steuerung und Kontrolle der Risiken. Das Risikomanagement im Marketing hat somit vorrangig die Aufgabe die Risikopositionen im Marketing zu managen.

Ein Zielsystem in einem Unternehmen bis hin zur konkreten Ausarbeitung von Zielen im Marketing ist notwendige Vorraussetzung für die Integration eines Risikomanagementprozesses im Marketing.

3.2 Entstehung und Wirkung von Risiken

Dieser Abschnitt versucht, Risiken hinsichtlich ihrer Entstehung und ihrer Wirkung zu beschreiben. Ziel ist es die Bausteine des Risikomanagementprozesses effizienter und effektiver zu gestalten. Den Bezugsrahmen für das Risikomanagement im Marketing bilden Risikoobjekte, Risikofaktoren und Risikoquellen, sowie die in einem Zielsystem fortlaufenden Prozesse im Marketing[87].

Um den Entstehungsprozess und die Beziehungen eines Risikos besser erläutern zu können, wird das Risiko begrifflich in Risikoobjekt und Risikofaktor aufgeteilt, d.h. der Risikobegriff wird um die beiden Elemente, Risikoobjekt und Risikofaktor, erweitert. Diese Vorgehensweise ist notwendig, um den ursachen- und wirkungsbezogenen Prozess des Risikos zu erläutern.[88]

Ursachenbezogen ergibt sich das Risiko durch die Möglichkeit verschiedener Eintrittwahrscheinlichkeiten, wirkungsbezogen ergibt sich das Risiko dadurch, dass man die zukünftigen Wirkungen (Zielabweichungen) betrachtet.

- Risikoobjekt: Ein Objekt (z.B. Produkt) steht mit einem Ziel (z.B. Absatzziel) in Beziehung. Besteht nunmehr zwischen zukünftigen Zuständen eines Objektes und eines Zieles eine Beziehung, die auch eine Zielabweichung bzw. Variation der Eintrittwahrscheinlichkeit mit sich ziehen kann, handelt es sich bei diesem Objekt um ein Risikoobjekt.

- Risikofaktor: Risikofaktoren sind die Kräfte, die auf die Risikoobjekte einwirken. Sie verursachen eine Zielabweichung bzw. Variation der Eintrittwahrscheinlichkeit.

---

[87] vgl. Schuy, A.: a.a.O., S. 44
[88] vgl. Stahl, W.: Risiko- und Chancenanalyse im Marketing, Diss., Frankfurt 1992, S. 36, S. 44

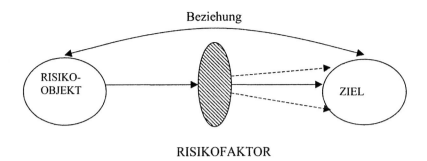

Beziehung

RISIKO-OBJEKT

ZIEL

RISIKOFAKTOR

Abb. 3: Die Beziehung zwischen Risikofaktor, Risikoobjekt und Ziel

Zur Verdeutlichung der Wirkung eines Risikofaktors auf das Risikoobjekt, kann man sich den Risikofaktor als eine Linse vorstellen. Der Risikofaktor lenkt die erwartete Zielerreichung des Risikoobjektes ab, es entsteht eine Zielabweichung. Der Risikofaktor wirkt daher als Kraft auf das Risikoobjekt ein, da er Zielabweichungen auslösen kann.

Risikoobjekt und Risikofaktor sind multiplikativ verknüpft, d.h. nur beide zusammen ergeben ein Risiko und damit per Definition eine potentielle Zielabweichung.

Ist kein Risikofaktor vorhanden und damit keine Linse, welche den Zielerreichungsprozess streut, erreicht das (Risiko-)objekt sein erwartetes Ziel (durchgezogener Pfeil), es existiert kein Risiko, d.h. es ist nie entstanden. Hierbei handelt es sich um ein Phänomen, dass schon auf eine Möglichkeit der Risikosteuerung hinweist, nämlich die Risikovermeidung.

Ist ein Risikofaktor vorhanden, „streut" er das potentielle Zielergebnis, aus dem Risikoobjekt ist durch die Einwirkung des Risikofaktors ein Risiko geworden (gestrichelter Pfeil), der Risikoentstehungsprozess ist abgeschlossen.

Folgendes Beispiel soll den Zusammenhang verdeutlichen:

• Risikoobjekt: Produkt A

• Risikofaktor: Wettbewerber mit Qualitätsverbesserungen eines vergleichbaren Produktes

• Risiko: Zielabweichung des geplanten Marktanteils von Produkt A

Eine Trennung von Risikoobjekt und Risikofaktoren ist nicht immer möglich, d.h. je nach Blickwinkel kann ein Risikoobjekt auch ein Risikofaktor sein und umgekehrt[89].

Interne Risikofaktoren	Externe Risikofaktoren
Operativer Charakter • Produktpolitik (siehe auch Anlage 4) • Preispolitik • Distributionspolitik • Kommunikationspolitik • Servicepolitik • Produktqualität Strategischer Charakter • Marktsegmentierung und Zielgruppen • Strategische Geschäftseinheit • Strategieauswahl • Betriebsgröße • Produktentwicklung Marketingentscheidungsprozess • Gruppendynamische Risiken • Organisation von Kommunikation und Information Technologie • Produktion • Produktentwicklung • EDV	Bezogen auf den Konsumenten • Einstellung, Image und Präferenzen • Produktwahrnehmung und kognitive Prozesse (Aktivierung und Motivation) • Bezugsgruppen, Normen und Werte • Bedarfsstruktur • Informationsaufnahme, -speicherung, -verarbeitung Bezogen auf den Absatzmarkt • Hoher Wettbewerbsdruck und neue Konkurrenten • Gesättigte Märkte und zyklische Märkte • Eintrittbarrieren • Substituierbare oder Komplementäre Güter Generelle Rahmenbedingungen • Technik • Kultur • Gesetze • Politik

Tab. 4: Interne und externe Risikofaktoren im Marketing

Ein psychographisches Marketingziel ist beispielsweise die Verbesserung des Unternehmensimages. Ein mögliches Risikoobjekt kann die Kommunikationspolitik sein, die aufgrund ihrer Instrumentarien (z.B. Werbekampagnen) mit dem Imageziel in Beziehung steht. Ein möglicher Risikofaktor kann jetzt das Produkt A sein, welches die Versprechungen der Werbekampagne nicht einhält.

---

[89] vgl. Stahl, W.: a.a.O., S. 36

In der unternehmerischen Praxis können Risikoobjekte und Ziele nicht isoliert betrachtet werden, sie sind vielmehr in ein komplexes System gegenseitiger Interdependenzen eingebettet. Prinzipiell lassen sich drei Fälle nach ihren Beziehungen unterscheiden:[90]

1. Ein Risikoobjekt steht in Beziehung zu mehreren Zielen

   Beispiel: Das Risikoobjekt Produkt A steht im Zielsystem einer Unternehmung beispielsweise mit Umsatzzielen, Marktanteilszielen, Imagezielen und Liquiditätszielen in Beziehung

2. Mehrere Risikoobjekte stehen in Beziehung zu einem Ziel

   Beispiel: Die Risikoobjekte Preis- und Produktpolitik stehen mit dem Ziel der Kundenzufriedenheit in Beziehung

3. Mehrere Risikoobjekte stehen in Beziehung mit mehreren Zielen

   Beispiel: Mehrere Strategische Geschäftseinheiten stehen mit den ökonomischen und psychographischen Marketingzielen in Verbindung.
   In einem Unternehmen wird nur der dritte Fall von Relevanz sein

Die Einteilung der drei Fälle wurde aus Gründen der Transparenz ohne die Risikofaktoren vorgenommen. Sie werden aus Sicht der Praxis nur dem dritten Fall zugeordnet. Ein Risikomanagement im Marketing muss sich daher den folgenden Sachverhalt bewusst machen:

- Mehrere Risikofaktoren wirken auf mehrere Risikoobjekte, die in Beziehung zu mehreren Marketingzielen stehen.

Hierbei ist zu berücksichtigen, dass die Risikofaktoren auf unterschiedliche Art auf die Risikoobjekte einwirken und damit auf die Zielerreichung Einfluss nehmen:[91]

- **risikoerzeugend:**   Der Risikofaktor trifft auf ein Risikoobjekt und lässt ein Risiko erst entstehen

- **risikosteigernd:**   Der Risikofaktor trifft auf ein schon bestehendes Risiko und steigert die Zielabweichung oder reduziert die Eintrittswahrscheinlichkeit

---

[90] vgl. Stahl, W.: a.a.O., S. 49
[91] vgl. Stahl, W.: a.a.O., S. 40

Die Trennung von Risikoobjekt und Risikofaktor erscheint im Rahmen dieser Arbeit als sinnvoll. Marketingziele wurden oben ausführlich beschrieben und daraus wird deutlich, dass eine Vielzahl von Zielen im Marketing vorhanden sind. Ein Risikomanagementprozess, besonders die Risikoanalyse und Risikobewertung machen eine Differenzierung notwendig, um zweckmäßige Steuerungsmechanismen einzusetzen.

Die Differenzierung des Risikos in ein Risikoobjekt und Risikofaktoren beschreibt den Blickwinkel der Entstehung eines Risikos.

Der Begriff der Risikoquelle ist nötig, um den Blickwinkel der Risikoauswirkung zu beschreiben. Stahl formuliert folgendermaßen: „Die Risikoquelle (...) bildet den wahrnehmbaren Ausgangspunkt des [Risiko-]Wirkungsprozesses."[92] Von einer Risikoquelle wird gesprochen, wenn sich das Risiko in der Möglichkeit konkretisiert, das erwartete Marketingziel nicht oder nur noch zum Teil zu erreichen (wirkungsbezogene Auffassung).

Die Risikoquelle veranschaulicht sich dahingehend, dass sie als der Ursprung für Abweichungen der Marketingziele betrachtet werden kann. Die Risikoquelle setzt daher voraus, dass die Entstehung des Risikos (Risikofaktor * Risikoobjekt) schon abgeschlossen ist[93]. Der Zweck einer Risikosteuerung besteht nunmehr darin, die Auswirkungen des Risikos zu vermindern[94]. Das Risiko ist demzufolge schon entstanden (nicht der Schaden) und soll in seinem möglichen Schadensausmaß reduziert werden[95].
Es besteht folgender Zusammenhang:

Risikofaktor * Risikoobjekt = Risiko = Risikoquelle

Die wirkungsbezogene Risikosteuerung nimmt also einen eingetretenen Schaden an, obwohl dieser noch nicht eingetreten ist.

Die Differenzierung zwischen Risiken nach ihrer Entstehung und Risiken nach ihrer Wirkung ist erforderlich, um verschiedene Risikosteuerungsmaßnahmen im Risikomanagementprozess durchzuführen. Hierbei muss man darauf hinweisen, dass ein und dasselbe Risiko aus ursachenbezogener Sicht und gleichzeitig aus wirkungsbezogener Sicht betrachtet werden kann.

---

[92] Stahl, W.: a.a.O., S. 53
[93] vgl. Stahl W.: a.a.O., S. 53
[94] vgl. Imboden, C.: a.a.O., S. 45, S. 267
[95] vgl. Wolf, K; Runzheimer, B.: Risikomanagement und KonTraG, 2. Aufl., Wiesbaden 2000, S. 68

3.3 Risikomanagementprozess und Risiko im Marketing

Das Risikoobjekt und die Risikofaktoren sind multiplikativ verknüpft und ergeben das Einzelrisiko. Das entstandene Einzelrisiko ist auf der Zeitachse mit Betrachtung seiner Auswirkung gleichzeitig eine Risikoquelle. Der Zusammenhang wird in folgender Abbildung dargestellt.

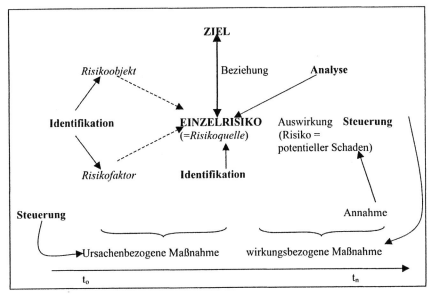

Abb. 4: Die Beziehung zwischen Risikomanagementprozess und Risiko

Das Einzelrisiko steht mit einem Ziel in Beziehung. Aufgabe der Risikoidentifikation ist es nun, Risikoobjekte und Risikofaktoren zu identifizieren, sowie Risikoquellen auszumachen. Die Risikoanalyse bewertet das Einzelrisiko hinsichtlich seiner Zielabweichung und seiner Eintrittswahrscheinlichkeit. Die Steuerung der Risiken kann ursachenbezogen durchgeführt werden, d.h. man setzt bei den Risikofaktoren an (faktorbezogene Maßnahmen). Die wirkungsbezogene Steuerung geht wiederum von der fiktiven Annahme aus, dass das Risiko mit einem Schaden gleichgesetzt wird. Das bedeutet, man verhindert nicht den Schadenseintritt, sondern vermindert vielmehr seine Auswirkungen (Zielabweichungen).

Die Identifikation von Risikofaktoren kann aufgrund unvollkommener Information nur unvollständig sein. Steuerungsmaßnahmen können daher nur in dem

Maße wirkungsvoll sein, wie Erkenntnisse über die Risikofaktoren und Ihre Beziehung untereinander und zum Risikoobjekt vorliegen.
Dieser partielle Informationsstand macht es notwendig, auch wirkungsbezogene Steuerungsmechanismen einzusetzen. Sie zeichnen sich dadurch aus, dass die Steuerungsmaßnahmen auf einen potentiellen Schadenseintritt ausgerichtet sind.

Die folgende Abbildung erweitert den Zusammenhang zwischen Risikomanagement und den Risiken um den Blickwinkel des Marketings.

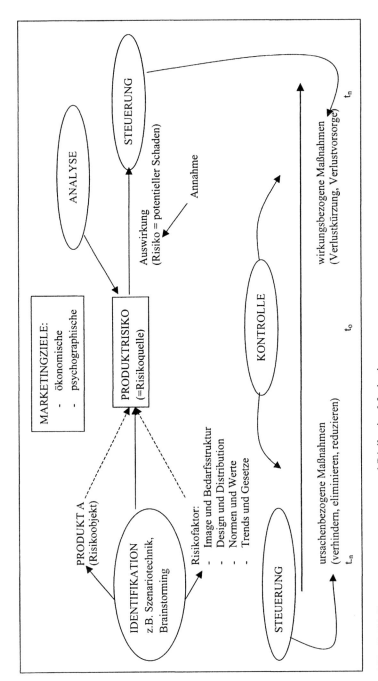

Abb. 5: Risikomanagementprozess und Risiko im Marketing

Ökonomische und psychographische Marketingziele (z.B. Umsatzziel) stehen mit einem Produktrisiko in Beziehung.

Das Produktrisiko entsteht aus zwei Elementen, dem Risikoobjekt (z.B. Produkt A) und einer Vielzahl von Risikofaktoren, die in der Abbildung nicht vollständig aufgeführt sind.

Sofern Risikofaktoren auf ein Risikoobjekt treffen, wird ein Risiko ausgelöst, dieses ist, wenn entstanden, gleichzeitig eine Risikoquelle (Produktrisiko).

Die Risikoidentifikation ist daher von wesentlicher Bedeutung, denn nur Risiken die identifiziert sind, können auch analysiert und gesteuert werden. Instrumente zur Risikoidentifikation werden im nächsten Kapitel erläutert.

Die Bewertung und Steuerung von Risiken im Marketing ist in den darauf folgenden Kapiteln beschrieben.

3.4 Folgerungen für ein Risikomanagement im Marketing

Effektives Risikomanagement im Marketing, d.h. rechtzeitige und angemessene Reaktionen auf unerwünschte Entwicklungen, erfordert detaillierte Kenntnisse über Unternehmens- und Marketingzielen sowie von Risikoobjekten und Risikofaktoren, einschließlich ihrer Wirkungszusammenhänge untereinander (= Risikoidentifikation + Risikoanalyse). Hierzu gehört die Identifikation und quantitative/qualitative Bewertung von Risiken im Marketing. Diese Informationsbasis ist Voraussetzung für die ursachen- und wirkungsbezogene Risikosteuerung.

Das Ziel der Risikoidentifikation ist die strukturierte Erfassung wesentlicher Risiken (z.B. Produktrisiken) bzw. Risikobereiche (z.B. psychologische Marketingrisiken). Darunter versteht man Risiken mit hohem Schadenspotential. Die Höhe des Risikos ist abhängig von den Größen der Zielabweichung sowie der Eintrittswahrscheinlichkeit und muss unternehmensindividuell ermittelt werden.

Dabei setzt die Risikoidentifikation an den von der Unternehmensleitung vorgegebenen Unternehmens- und Marketingzielen und den daraus abgeleiteten Subzielen (z.B. Ziele einer strategischen Geschäftseinheit) an. Zur Identifikation der Risiken es erforderlich, dass sich das Unternehmen bezüglich seiner Marketingziele im Klaren ist. Eine Systematik der Marketingziele ist somit die Voraussetzung für den Risikomanagementprozess. Die Risikoidentifikation setzt daher an der Identifikation der Risikoobjekte selbst und deren beeinflussenden Größen, den Risikofaktoren, an.

In der Praxis ist die Reihenfolge der Risikosuche und Risikoidentifikation folgendermaßen zu gestalten:

0. (Definition der Marketingziele)
1. Identifikation der Risikoobjekte
2. Identifikation der Risikofaktoren bezogen auf Risikoobjekte

Diese Art der Suche wird als retrograde Suche bezeichnet, d.h. ausgehend vom Risikoobjekt werden darauf einwirkende Risikofaktoren ermittelt. Demgegenüber steht die progressive Suche, sie ermittelt ausgehend vom Risikofaktor ein Risikoobjekt. Der progressive Ansatz wird im Rahmen dieser Arbeit jedoch nicht verwandt, da sämtliche Risikofaktoren bekannt sein müssten, um ein Risikoobjekt genau zu fokussieren.

Die Risikoidentifikation soll unter Berücksichtung einer Gesamtunternehmersicht ermittelt werden, daher empfiehlt sich vorerst ein Top-Down-Vorgehen, d.h. die Unternehmensleitung sollte Workshops oder Projekte mit Mitarbeitern initiieren, die entsprechendes Marketing- und Risikomanagementwissen haben. Mit Hilfe diverser Instrumente, gilt es potentielle Risikoobjekte und -faktoren hinsichtlich der angestrebten Marketingziele zu identifizieren.

Die Grundlage einer Risikoidentifikation sollte eine allgemeine Ziel- und Risikosystematik des Marketings sein (z.B. ökonomische und psychographische Ziele). Zur Unterstützung der Teilnehmer einer Risikoidentifikationsrunde kann ein Risikoleitfaden vorbereitet werden, der allgemeine Fragestellungen aufwirft: „Bewegt sich das Unternehmen mit seinen Produkten in einem gesättigten Markt?" und ein Risikobewusstsein erzeugt.

Das Ergebnis der Risikoidentifikation wird in einem Risikokatalog dokumentiert. Dieser sollte in Teilbereichen des Unternehmens bzw. des Marketingbereiches weiter verfeinert und konkretisiert werden. Der Marketing-Risikokatalog ist kein abgeschlossenes Schema, sondern muss in einem laufenden Prozess erweitert werden. Laufende Workshops mit verantwortlichen Führungskräften zum Informationsaustausch sind daher obligatorisch. Der Risikokatalog dient als Ausgangspunkt für die Risikoanalyse. Der Risikokatalog sollte folgende Bestandteile haben: Auflistung und kurze Definition der Unternehmens- und Marketingziele, Risikoobjekte und Risikofaktoren, sowie Risikoquellen.

Bevor Steuerungsmechanismen abgeleitet und beurteilt werden können, müssen die identifizierten Risiken analysiert, d.h. bewertet werden. Das Ziel der Analyse der Risiken im Marketing ist daher die qualitative und quantitative Messung der Risiken. Die Analyse mündet in einem Risikoprofil.

Beispielsweise kann ein Nachfolgeprodukt bei der Markteinführung den Anforderungen des Marktes und der Konsumenten nicht gewachsen sein und zu hohen Marktanteilsverlusten führen, oder sogar das Ende für ganze Produktbereiche bedeuten.

- **Marketingziel:** Geplanter Umsatz mit Nachfolgeprodukt A
- **Risikoobjekt:** Nachfolgeprodukt A

- **Risikofaktoren:** Anforderungen an Design, Vertriebskanäle, Preisbildung

- **Risikobewertung:** Subjektive Einschätzung der Zielabweichung und deren Eintrittswahrscheinlichkeit des Nachfolgeproduktes A

Das Ergebnis der Risikoanalyse wird im Risikokatalog noch zusätzlich aufgenommen, dieser sollte die bereits genannten Bestandteile aufweisen sowie eine Beurteilung der Eintrittwahrscheinlichkeit und des Verlustpotentials.

Die Risikoidentifikation und Risikoanalyse liefert somit die Informationsbasis für weitere Prozessschritte: Risikosteuerung und Risikokontrolle.

Risikosteuerung bedeutet eine aktive Beeinflussung der Risikopositionen und muss im Einklang mit den Marketingzielen stehen. Die Steuerungsmaßnahmen zielen auf die Verringerung der Eintrittwahrscheinlichkeit (faktoren- bzw. ursachenbezogene Maßnahmen) und auf die Begrenzung der negativen Abweichung vom Marketing- oder Subziel (wirkungsbezogene Maßnahmen). Sie müssen dazu führen, dass die nicht akzeptablen Risiken vermieden und die nicht vermeidbaren Risiken auf ein akzeptables Minimum reduziert werden. Hierzu sind die Einzelrisiken gemäß der im Risikokatalog festgelegten Risikosteuerung zu managen.

Die Risikokontrolle hat die Aufgabe, die Risikolage des Unternehmens jederzeit mit der geplanten Risikolage des Unternehmens zu vergleichen. Darunter versteht man eine kontinuierliche operative Kontrolle der Wirksamkeit der Steuerungsmaßnahmen. Abweichungsanalysen sind hier hilfreich, darunter versteht man, Soll-Ist-Vergleiche der quantifizierbaren und nicht quantifizierbaren Risiken mit entsprechenden Limiten. Limitüberschreitungen müssen unverzüglich Steuerungsmaßnahmen auslösen bzw. neue Steuerungsmaßnahmen initiieren.

Zusammenfassend lässt sich sagen, dass der Prozess eines Risikomanagements im Marketing nicht losgelöst von den normalen Abläufen des Marketings betrachtet werden kann. Es ist nochmals zu unterstreichen, dass es nicht das Ziel des Risikomanagements ist, Risiken vollständig zu vermeiden und damit auch potentielle Chancen. Das Risikomanagement im Marketing hat vielmehr die Aufgabe, im Rahmen des gesamten Risikomanagements das Unternehmensrisiko aktiv zu beeinflussen, um die Unternehmens- bzw. Marketingziele zu erreichen.

4 Risikoidentifikation im Marketing

Eine leistungsfähige Risikoidentifikation im Marketing muss durch eine klare und definierte Fokussierung der Vorgehensweise gekennzeichnet sein. Im Rahmen der Risikoidentifikation ist es von Nachteil, einen unsystematisierten „Jäger und Sammler-Ansatz" zu verfolgen. Hierbei wird eine Vielzahl von Mitarbeitern befragt und alle dabei genannten Risiken zusammengetragen. Eine solche Methodik ist arbeits- und zeitaufwendig.[96]

Taylor warnt in diesem Zusammenhang davor, „eine vollständige Identifizierung" [der Risiken] „zu erwarten. Manche Gefahren bleiben unerkannt, weil die zur Identifikation angewandten Methoden unvollkommen sind. Aber auch mit vollkommenen Verfahren werden manche Gefahren nicht entdeckt, weil der Wissensstand nicht ausreicht."[97] Hierbei ist anzumerken, dass ein Verfahren zur Risikoidentifikation nie vollkommen sein kann, nicht weil der Wissenstand nicht ausreicht, sondern die Verfahren selbst nur aus der Erfahrung a posteriori entwickelt werden können und damit schon unvollkommen sein müssen[98].
In einem Unternehmen ist es daher notwendig, eine Identifikationsumgebung der Risiken im Marketing zu definieren. Diese Umgebung zeichnet sich durch die im folgenden Abschnitt dargestellten Untersuchungsfelder aus.

4.1 Untersuchungsfelder der Risikoidentifikation im Marketing

Bei der Risikoidentifikation im Marketing ist es sinnvoll strukturiert vorzugehen, um mit größtmöglicher Effizienz und Effektivität Risiken zu identifizieren. Hierfür ist es hilfreich Untersuchungsfelder der Risikoidentifikation festzulegen und zu kategorisieren. Bevor die Untersuchungsfelder festgelegt werden, müssen noch die Wirkungsrichtungen von Risiken im Marketing erläutert werden um den Identifikationsprozess zu konkretisieren.

Generell können Risiken im Marketing zwei Wirkungsrichtungen aufweisen. Einerseits gibt es Risiken „die durch Veränderungen am Markt oder im Umfeld des Unternehmens entstehen"[99] und sich auf die Zielerreichung im Unternehmen auswirken.

---

[96] Gleißner, W.: Ratschläge für ein leistungsfähiges Risikomanagement, www.krisennavigator.de (06.02.03)
[97] Taylor, J.R.: Beurteilung von Kosten, Vollständigkeit und Nutzen von Risikoanalyseverfahren, in: Lange, S. (Hrsg.): Ermittlung und Bewertung von industrieller Risiken, Berlin 1984, S. 89; zitiert in: Schuy, A.: a.a.O., S. 203
[98] vgl. Störig, H.J.: Kleine Weltgeschichte der Philosophie, limitierte Sonderausgabe, Frankfurt 1996, S. 396
[99] Töpfer, A.; Heymann, A.: Marktrisiken in Dörner, D; Horvath, P.; Kagermann, H. (Hrsg.): Praxis des Risikomanagement. Grundlagen, Kategorien branchenspezifische und strukturelle Aspekte, Stuttgart 2000, S. 228

Andererseits gibt es Risiken im Marketing, „die aus dem Wertschöpfungsprozess des Unternehmens unmittelbar entstehen, sich aber auf den Markt auswirken"[100] und wiederum die Zielerreichung des Unternehmens gefährden.

Man spricht im ersten Fall von extern induzierten Risiken, im zweiten Fall von intern induzierten Risiken.

Extern induzierten Risiken zeichnen sich also dadurch aus, dass diese von außerhalb eines Unternehmens auf das Unternehmen und das Zielsystem einwirken. Beispielsweise sind Unternehmen nicht in der Lage, frühzeitige Veränderungen oder neue Anforderungen, die aus dem Wettbewerbsumfeld kommen, zu erkennen.
Neue Anforderungen an ein Unternehmen entstehen, wenn Wettbewerber gleiche Produkte mit demselben Qualitätsstandard kostengünstiger produzieren können. Es besteht das Risiko, dass weniger als geplant abgesetzt und umgesetzt wird.

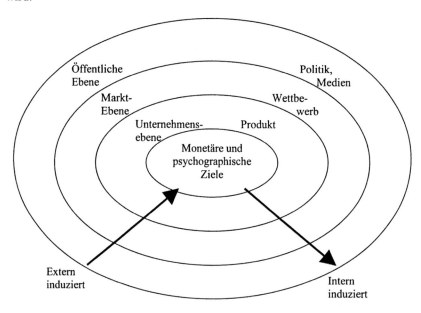

Abb. 6: Ansatzpunkte und Wirkungsrichtungen von Risiken im Marketing

Quelle der Verfasser in Anlehnung an: Töpfer, A.; Heymann, A.: a.a.O., S. 229

---

[100] Töpfer, A.; Heymann, A.: a.a.O., S. 228

Intern induzierte Risiken haben Ihren Ausgangspunkt häufig im Wertschöpfungsprozess eines Unternehmens. Beispielsweise werden neue Technologien nicht beherrscht bzw. in einem Unternehmen nicht eingesetzt. Dadurch kann die Position gegenüber dem Kunden aufgrund besserer Wettbewerber geschwächt werden. Eine negative Wirkung kann sich hierbei vom Mangel in der Wertschöpfung (ökonomische Ziele) bis hin zu einer negativen Einstellung (psychographische Ziele) gegenüber dem gesamten Unternehmen manifestieren.

Das Mineralölunternehmen Shell liefert ein Beispiel. Die Entsorgung der Bohrinsel Brent Spar sorgte für eine äußerst negative Darstellung in den Medien. Die Folge waren Umsatzeinbußen und eine Verschlechterung des Images.[101]

In der vorherigen Abbildung werden Ebenen eingeführt, welche die Wirkungsrichtung der Risiken im Marketing konkretisieren. Es werden damit schon Ansatzpunkte für die Kategorisierung der Untersuchungsfelder geliefert.

Das Zielsystem einer Unternehmung, angelehnt an die Einteilung von Meffert hinsichtlich monetärer und psychographischer Ziele, bildet die Basis für intern und extern induzierte Risiken.

Die Unternehmensebene zeichnet sich durch den internen Prozess der Leistungserstellung aus. Hierunter fällt der Transformationsprozess, beginnend mit dem Einsatz von Produktionsfaktoren bis hin zur Erstellung absatzmarktfähiger Güter und Dienstleistungen.

Die Marktebene orientiert sich wesentlich am Absatzmarkt der erstellten Produkte und Dienstleistungen des Unternehmens. Die Marktebene konkretisiert sich durch den Wettbewerb am Kunden.
Teilnehmer der Marktebene sind Konsumenten sowie Wettbewerber des Unternehmens. Hierunter fallen auch potentielle Kunden und potentielle Wettbewerber.

Die öffentliche Ebene beschreibt den generellen Einfluss auf die Handlungen eines Unternehmens durch Faktoren, die nicht unmittelbar auf die monetären und psychographischen Ziele wirken. Die öffentliche Ebene ist somit nicht direkt im Wertschöpfungsprozess eines Unternehmens eingefügt.

Generell lassen sich für die drei Untersuchungsfelder konkretisieren, die der Risikoidentifikation im Marketing nützlich sein können. Es handelt sich hierbei um folgende Untersuchungsfelder:[102]

---

[101] vgl. Töpfer, A.; Heymann, A.: a.a.O., S. 229

[102] vgl. Töpfer, A.; Heymann, A.: a.a.O., S. 230

Untersuchungsfelder

Unternehmensebene	Marktebene	Öffentliche Ebene
• Mitarbeiter	• Konsumenten	• Staatliche Organe
• Entscheidungsprozess	• Einstellungen	• Gesetzgebung
• Wertschöpfungskette	• Marktposition	• Umweltkatastrophen
• Forschung und Entwicklung	• Wettbewerber	• Interessenverbände
• Strategische Ausrichtung	• Konkurrenzprodukte	• Konjunktur
• Kommunikation	• Konkurrenzbranchen	
• Produkt	• Unternehmensimage	
• Preis		
• Distribution		

Tab. 5: Untersuchungsfelder im Marketing

Quelle der Verfasser in Anlehnung an: Töpfer, A.; Heymann, A.: a.a.O., S. 230

Die Untersuchungsfelder bieten eine Richtschnur zur Risikoidentifikation und können in weitere Unterpunkte aufgeteilt werden. Je nach detailtreue der Risikoidentifikation wird das Untersuchungsfeld „Unternehmensebene" oder die „Kommunikation" des Unternehmens als Risikoobjekt bzw. Risikofaktor identifiziert. Die Risikowahrnehmung ist im Bereich der Risikoidentifikation von besonderer Wichtigkeit, da sie das Fundament für weitere Prozesse im Risikomanagement bildet. Ein unterschiedlicher Wahrnehmungsgrad der Risikoobjekte und Risikofaktoren führt zu unterschiedlichen Risikosteuerungsaktionen.

Anhand einer Matrix können die Untersuchungsfelder eingeteilt und für eine nähere Betrachtung dargestellt werden.
Die Einteilung der Matrix erfolgt anhand der Untersuchungsfelder, deren innewohnenden Risikoobjekte und Risikofaktoren am ehesten beeinflussbar sind.
Hierbei handelt es um die Unternehmensebene (Interne Leistungsprozesse) einerseits und die Marktebene andererseits. Im Zuge eines Risikomanagementprozesses, der die Steuerung der Risiken beinhaltet, ist es nicht zweckmäßig die öffentliche Ebene laufend in dieser Matrix zu berücksichtigen.

Den Dimensionen „Unternehmensebene" und „Marktebene" ist der Grad der Risikohöhe zugeordnet. Die „Unternehmensebene" kann mit einem niedrigen Risiko bzw. einem hohen Risiko behaftet sein. Die Marktebene wird ebenfalls entsprechend in niedriges und hohes Risiko eingeteilt.

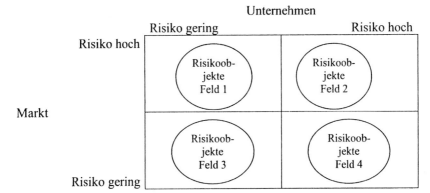

Abb. 7: Matrix der Untersuchungsfelder

Die Matrix der Untersuchungsfelder dient zu Beginn der Risikoidentifikation als ein Instrument, dass dem Unternehmen eine erste Orientierungsrichtung im Rahmen der Identifikation der Risikoobjekte gibt.

Im Verlauf des Risikomanagementprozesses gibt die Matrix Anhaltspunkte, in welchen Bereichen eine intensivere Analyse und Steuerung der Risikoobjekte notwendig ist. Die Identifikation und Analyse wird entsprechend um die Risikofaktoren erweitert.

Feld	Bedeutung
1	Das Risiko des Untersuchungsfeldes „Markt" wird als hoch eingeschätzt, demgegenüber ist die „Unternehmensebene" nur mit geringem Risiko behaftet. • Untersuchungsfeld „Markt" ist vorrangig im weiteren Risikomanagementprozess
2	Die Risiken beider Untersuchungsfelder werden als hoch eingeschätzt. • Beide Untersuchungsfelder müssen im weiteren Risikomanagementprozess mit hoher Sensibilisierung betrachtet werden
3	Die Risiken beider Untersuchungsfelder werden als gering eingeschätzt. • Beide Untersuchungsfelder müssen im weiteren Risikomanagementprozess betrachtet werden
4	Das Risiko des Untersuchungsfeldes „Unternehmen" wird als hoch eingeschätzt, demgegenüber ist die „Marktebene" nur mit geringem Risiko behaftet. • Untersuchungsfeld „Unternehmen" ist vorrangig im weiteren Risikomanagementprozess

Tab. 6: Untersuchungsfelder im Risikomanagementprozess

4.2 Instrumente der Risikoidentifikation im Marketing

Zur Identifikation von Risiken, sowie einer Erhöhung der Risikosensibilisierung sind eine Vielzahl von Verfahren entwickelt worden, die den Baustein „Risiko- identifikation" im Risikomanagementprozess unterstützen.

Beispielsweise können folgende Instrumente angewandt werden:[103]

* Checklisten
* Portfolio-Analysen
* Indikatoren-Modelle
* Weak Signals
* Szenario-Technik
* Swot-Analyse
* Fragebogen und Prüflisten

* Simulationen
* Lückenanalysen
* Kreativitätstechniken
* Sensitivitätsanalysen
* Delphi-Methode
* Interviews

In den folgenden Abschnitten werden drei Instrumente näher erläutert: Das Konzept der Weak-signals, das Indikatoren-Modell und die Szenariotechnik. Ergänzend werden Kreativitätstechniken aufgeführt, welche die Instrumente un- terstützen.

4.2.1 Das Konzept der schwachen Signale („Weak signals")

Das Konzept der „Weak signals" geht auf Ansoff zurück, die Nützlichkeit ist in der betriebswirtschaftlichen Literatur unbestritten. Für ihn ist die frühzeitige Wahrnehmung so genannter schwacher Signale ein wesentlicher Bestandteil strategischer Frühaufklärung[104], und damit auch ein wichtiges Instrument der Risikoidentifikation.
Dieses Prinzip geht davon aus, dass kein von Menschen initiiertes Ereignis un- vorhersehbar ist, selbst wenn das Individuum oder das Unternehmen noch so überrascht sind vom Eintritt des Ereignisses. Risiken aus ökonomischen, techno- logischen, politischen und sozialen Bereichen sind schon lange vor dem tatsäch- lichen Eintreten angedeutet worden.[105]

Unter schwachen Signalen werden schlecht definierte und unscharf strukturierte Informationen verstanden, d.h. die Signale (Informationen) sind ungenau und es ist unklar, ob sich dahinter Risiken für ein Unternehmen verbergen.

---

[103] vgl. Fasse, F.-W.: a.a.O., S. 80

[104] vgl. Hammer, R.: Strategische Planung und Frühaufklärung, Oldenburg 1988, S. 216-217

[105] vgl. Reich, M.: Frühwarnsysteme, in: Zerres, M. (Hrsg.): Handbuch Marketing- Controlling, 2. Aufl., Heidelberg 2000, S. 124-125

Das Konzept der „Weak signals" beinhaltet den Versuch, künftige Risiken (Risikoobjekte und Risikofaktoren) schon in ihrer Entstehungs- oder Aufbauphase zu identifizieren.[106]

Kritisch ist anzumerken, dass die „Weak signals" nicht näher definiert sind. Braun sagt daher, es ist „vielleicht eher angebracht, von einem Gefühl möglicher Risiken (...) zu sprechen."[107]

Porter weist darauf hin, dass Signale aus dem Marktumfeld generell zwei Funktionen erfüllen: „Sie können echte Hinweise auf die Motive, Vorhaben oder Ziele eines Konkurrenten sein, oder sie können Bluffs sein. Bluffs sind Signale, die andere Unternehmen in die Irre führen sollen, sodass sie bestimmte Maßnahmen zum Vorteil des Signalgebers durchführen oder Maßnahmen zu seinem Nachteil unterlassen."[108]

Als Beispiele für schwache Signale und Marktsignale kommen in Frage:[109]

- Ankündigungen betriebsinterner Maßnahmen von Wettbewerbern
  - Drohungen, bestimmte Maßnahmen zu ergreifen
  - Versuch, dem Konkurrenten zuvor zu kommen
  - Reaktionen des Konkurrenten zu testen

- Nachträgliche Bekanntgabe von Maßnahmen und Resultaten von Wettbewerbern
  - Bezieht sich meist auf Daten, die nicht durch die öffentliche Rechnungslegung oder Börsenaufsicht überprüft werden

- Öffentliche Diskussion (Personen im öffentlichen Leben)

- Änderung der Unternehmenspolitik der Wettbewerber

- Gesetzesvorhaben und Tendenzen im Wettbewerb

Die Identifizierung von schwachen Signalen hängt von den individuellen Gegebenheiten der Unternehmen ab.

---

[106] vgl. Stahl, W.: a.a.O., S. 95
[107] Braun, H.: Risikomanagement – eine spezifische Controllingaufgabe, Darmstadt 1984, S. 97; zitiert in: Stahl, W.: a.a.O., S. 95
[108] Porter, M.E.: Wettbewerbsvorteile. Methoden zur Analyse von Branchen und Konkurrenten, 10. Aufl., Frankfurt 1999, S. 119
[109] vgl. Fischer, J.: Marktchancensuche im Unternehmen, Diss., Frankfurt 1994, S. 87-88; vgl. Porter, M.P.: a.a.O, S. 120 ff.

Der Prozess der Erkennung von „Weak signals" ist im Vergleich zu Indikatoren und Kennziffern äußerst subjektiv und läuft folgendermaßen ab:[110]

1. Erfassung schwacher Signale:
   Beobachtung: Sie konzentriert sich auf vorher definierte und frühaufklärungsrelevante Umwelt- und Unternehmensbereiche; sie ist unternehmensindividuell
   Dokumentation: Die wahrgenommenen Signale werden kategorisiert und nach vom Unternehmen festgelegten Kriterien (z.B. Gesetzestrends) abgespeichert.

2. Analyse der schwachen Signale
   In der Analysephase wird versucht Verhaltens- und Ausbreitungsmuster zu identifizieren und zu analysieren, sowie die Ursache der schwachen Signale zu ermitteln und deren Auswirkungen zu prognostizieren

3. Beurteilung der Relevanz des schwachen Signals

4. Entwicklung und Auswahl von Reaktionsstrategien

Der Erfolg einer Risikoidentifikation mit Hilfe des Konzeptes der schwachen Signale hängt wesentlich von zwei Faktoren ab:

- Den kognitiven Fähigkeiten des Informationsempfängers
- sowie von der Organisation der Informations- und Kommunikationskanäle einer Unternehmung.

Ein effizientes „Weak signals"-Konzept setzt daher kurze Kommunikationswege voraus, da lange Wege das Risiko der Informationsfilterung in sich bergen, durch welche die Informationen inhaltlich verändert werden können. [111] „Durch lange Kommunikationswege können Situationen entstehen, in denen jene Personen, die erforderliche Informationen besitzen keine Entscheidungsbefugnisse haben und jene die entscheidungsbefugt sind, nicht die notwendige Informationen haben."[112]
„Weak signals" können trotz operationaler Umsetzungsschwierigkeiten auf quantitative und qualitative Änderungen bereits identifizierter Risikofaktoren hinweisen, wie auch neue Risikofaktoren ermitteln.

Die folgende Tabelle beschreibt ein Formular das die Operationalisierung des „Weak signals"-Konzeptes unterstützen kann.

---

[110] vgl. Hammer, R.: a.a.O., S. 253 ff.
[111] vgl. Stahl, W.: a.a.O., S. 97
[112] Stahl, W.: a.a.O., S.97

Absender: Abteilungsleiter Frischprodukte	Geht an: Abteilungsleiter Vertrieb	Datum

(1) Beobachtungsbereich:
- B 1.9 Entwicklung Verkaufsfläche (Branche)
- B 4.1 Investitionsvorhaben der Konkurrenten

(2) Frühwarninformation (des Beobachtungsbereiches):
Letzte Woche erteilte der Gemeinderat der benachbarten (französischen) Gemeinde A der Verbrauchermarktkette B die Bewilligung für die Errichtung eines 10.000 qm großen Verbrauchermarktes. Der Standort befindet sich nur zwei Kilometer von der Grenze entfernt. Die Eröffnung könnte – weiterhin mit dem sinkenden Kurs des Franc – zu einer starken Abwanderung inländischer Kaufkraft ins benachbarte Ausland führen.

(3) Auswirkungen und Konsequenzen

(3.1) Betroffene Unternehmensbereiche: unsere Vertriebslinien „Supermärkte" und „Getränke-Depots" (hiervon jene Verkaufsläden, die nicht weiter als 20 Km vom geplanten Objekt entfernt liegen).

(3.2) Beschreibung Risikofaktoren und Auswirkungen auf Ziele und Strategien

Risikofaktoren:	Mögliche Auswirkung:
1.1 Attraktivität der Standorte	• Verschlechterung, da die Magnetwirkung der eigenen Standorte verflacht
1.2 Preisniveau	• Indirekte Erhöhung aufgrund des tieferen Franc-Kurses
1.3 Preis/Leistungsstärke	
1.4 Kundenfrequenz	• Verringerung, sofern keine entsprechende Leistungsverbesserung erzielbar
1.5 Kundeneinkauf	• Reduktion
	• Reduktion

Ziele und Strategien:	Mögliche Auswirkungen:
1 Umsatz und Marktanteil	• Verringerung (ab Eröffnung des Konkurrenzprojektes)
2 Deckungsbeitrag und Gewinn	• Verringerung (ab Eröffnung des Konkurrenzprojektes)
3 Expansionsstrategie	• Wird in beiden Vertriebslinien eingeengt

(4) Prüfenswerte Antwortstrategien:
- Überprüfen der Preispolitik in ausgewählten strategischen Geschäftseinheiten und preisaggressive Zusatzpromotion im nächsten Jahr
- Betonung unseres hohen Qualitätsstandards durch Kommunikationspolitik
- Preisabsprachen mit dem französischen Konkurrenten
- Initialisierung eigenes Projekt „Verbrauchermarkt"

Beschlüsse:	Verantwortlich:	Termin:
Visum:	Datum:	

Tab. 7: Erfassung und Weiterverarbeitung eines Frühwarnsystems

4.2.2 Das Indikatoren-Modell

Indikatoren sind Anzeichen, die auf einen bestimmten Vorgang, eine mögliche Entwicklung hinweisen[113]. Indikatoren sind qualitativ und quantitativ fassbarer, als die oben beschriebenen „Weak signals". Indikatoren sind daher weniger abstrakt und verfeinern das Konzept der schwachen Signale. [114]

Die Indikatorenanalyse vollzieht sich in mehreren Schritten. Die Basis bildet die Abgrenzung und Definition von Beobachtungsfeldern (z.b. Marktstruktur). Darauf aufbauend, müssen Indikatoren für die Beobachtungsfelder festgelegt werden.[115] Die Auswahl von Indikatoren muss von den Unternehmen individuell bezogen auf die Beobachtungsfelder erfolgen, die Indikatoren sollten die Eigenschaft haben, frühzeitig auf möglichen Risiken innerhalb des definierten Beobachtungsfelds hinzuweisen[116].
Nach Festlegung von Beobachtungsfeldern (z.b. Marktstruktur) und Indikatoren (z.b. Anzahl der Marktteilnehmer) ist es nun die Aufgabe, Toleranzgrenzen für jeden Indikator festzulegen, d.h. ein über- oder unterschreiten von Grenzen (z.b. Anzahl von Marktaustritten etablierter Unternehmen) hat eine potentielle Risikosignalisierung zur Folge.[117] Schwierigkeiten bestehen hier in der individuellen Festlegung der Toleranzgrenzen und der Messbarkeit von qualitativen Indikatoren[118].

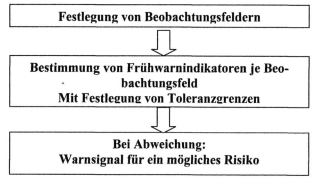

Abb. 8: Grundmodell eines Frühwarnsystems

Quelle: der Verfasser, in Anlehnung an: Becker, J.: Strategisches Vertriebscontrolling, München 1994, S. 170

---

[113] vgl. Leisering, H.: Wörterbuch – Fremdwörter, Köln 1999, S. 209
[114] vgl. Hammer, R.: a.a.O., S. 231 ff.
[115] vgl. Bea, F.X.; Haas, J.: Strategisches Management, 2. Aufl. Stuttgart 1997, S. 274-275
[116] vgl. Reich, M.: a.a.O., S. 130-131
[117] vgl. Hammer, R.: a.a.O., S. 234
[118] vgl. Bea, F.X.; Haas, J.: a.a.O., S. 276

Allgemeine Beobachtungsfelder können das generelle ökonomische Klima, die politische Stabilität oder soziokulturelle Einflüsse sein. Eine Zusammenstellung solcher Indikatoren für externe und interne Beobachtungsbereiche findet sich in folgender Tabelle.

Generelle externe Beobachtungsbereiche	Unternehmensindividuelle Beobachtungsbereiche
Wirtschaftliches Umfeld	Absatzmarkt
<ul><li>Konjunkturelle Entwicklungen (nach Ländern und Regionen</li><li>- Auftragseingang</li><li>- Auftragsbestände</li><li>- Beurteilung der Fertigwarenlager</li><li>- Geschäftsklima (Ifo-Indikator)</li><li>- Inflationsrate</li></ul><ul><li>Strukturelle Entwicklungen</li><li>- Investitionstendenzen</li><li>- Bevölkerungsdichte</li><li>- Bruttosozialprodukt pro Kopf</li></ul>	<ul><li>Produkte/Regionen der Unternehmung</li><li>- Auftragseingänge</li><li>- Auftragsbestände</li></ul><ul><li>Kunden der Unternehmung</li><li>- Bestellverhalten</li><li>- Zahlungsverhalten</li></ul><ul><li>Konkurrenten der Unternehmung</li><li>- Preispolitik</li><li>- Programmpolitik</li></ul>
Sozialpolitisches Umfeld	Beschaffungsmarkt (insbesondere Rohstoffe)
<ul><li>Politische Entwicklungen</li><li>- Wahlergebnisse</li><li>- Informationen aus politischen Parteien und Verbänden</li></ul><ul><li>Soziale Entwicklungen (nach Ländern und Regionen)</li><li>- Bevölkerungszahlen/-struktur</li><li>- Lebensqualität</li></ul>Technologisches Umfeld<ul><li>Informationen über mögliche Veränderungen der Verfahrenstechnologie bei Wettbewerbern/Forschungsinstituten</li></ul>	<ul><li>Produkte/Regionen</li><li>- Volumen bekannter Vorkommen je Rohstoff</li><li>- Durchschnittlicher Jahresverbrauch je Rohstoff</li></ul><ul><li>Lieferanten</li><li>- Termintreue</li><li>- Qualitätsniveau</li></ul>

Tab. 8: Allgemeine Beobachtungsfelder für Frühwarnindikatoren

Aus den allgemeinen Beobachtungsfeldern müssen für ein indikatorengestütztes Warnsystem im Marketing zusätzliche Indikatoren bestimmt werden. Die Notwendigkeit ergibt sich daraus, differenziertere Steuerungsmaßnahmen im Rahmen der Risikobewältigung ableiten zu können.

Beobachtungsfeld	Indikatoren
Konkurrenten	• Ankündigungen betriebsinterner Maßnahmen von Wettbewerbern • Nachträgliche Bekanntgabe von Maßnahmen und Resultaten von Wettbewerbern • Änderung der Unternehmenspolitik und Wettbewerbsstrategie der Konkurrenten
Branche	• Wachstumsrate der Branche • Änderung des Abnehmersegmentes • Veränderung von Unternehmensgrößen • Markteintritte branchenfremder Unternehmen • Marktaustritte etablierter Unternehmen
Konsumenten	• Kundenreklamationen • Verbesserungsvorschläge • Spezielle Kundenwünsche • Wertewandel und Bildungsniveau • Kaufkraft
Produktpolitik	• Reklamationen • Reparaturaufwand • Rückgaben und Umtausch • Analyse von Warentests • Bewertung der Eigenschaften von Wettbewerbsprodukten • Position im Produktlebenszyklus und Floprate • Auftragseingänge

Tab. 9: Marketingbezogene Frühwarnindikatoren

Eine Studie des Institutes der Niedersächsischen Wirtschaft e.V. kam zu dem Ergebnis, dass trotz der Wichtigkeit von Indikatoren im Baustein der Risikoidentifikation, nur 16 % der Aktiengesellschaften in Deutschland Frühwarnindikatoren zur Identifikation einsetzen und 40% vollständig darauf verzichten.

Es liegt der Schluss nahe, dass deutsche Unternehmen das Risikomanagement noch sehr vergangenheitsorientiert durchführen und zukünftige Entwicklungen unzureichend analysieren.[119]

---

[119] vgl. Studie des Instituts der Niedersächsischen Wirtschaft e.V. und PwC Deutsche Revision: a.a.O., S. 16

4.2.3 Szenariotechnik

Die Szenario-Analyse wurde von Kahn in den 50er-Jahren entwickelt. Unter einem Szenario wird folgendes verstanden: „Ein Szenario ist die Beschreibung der zukünftigen Entwicklung des Projektgegenstandes bei alternativen Rahmenbedingungen."[120] Das Merkmal der Szenario-Analyse besteht darin, mehrere alternative Zukunftsbilder zu entwickeln. Sie findet Anwendung, wenn aufgrund komplexer Problembereiche ein analytisches Vorgehen nicht möglich ist, sondern vielmehr heuristische Prinzipien angewendet werden sollen. Die Szenario-Analyse hat daher die Möglichkeit, noch nicht identifizierte Risikoobjekte oder Faktoren zu identifizieren.[121]
Die Szenarioanalyse geht im idealtypischen Verlauf in acht Schritten vor:[122]

1. Strukturierung des Untersuchungsfeldes (Problemanalyse): Ziel ist es das Untersuchungsfeld genau zu definieren und zu strukturieren, sowie eine präzise Aufgabenstellung zu formulieren (z.B. ein bestimmter Produktbereich).
2. Identifizierung der wichtigsten Einflussbereiche auf das Untersuchungsfeld (Umfeldanalyse): Bestimmung von möglichst allen externen Einflussfaktoren, die auf das Untersuchungsfeld einwirken, beispielsweise ökonomische, politische, technologische und wettbewerbspolitische Bereiche.
3. Ermittlung kritischer Deskriptoren und Entwicklungstendenzen der Umfelder (Projektionen): Deskriptoren sind Kenngrößen, welche die verschiedenen Umfelder (Einflussbereiche) charakterisieren. Für die Deskriptoren wird vorerst ein Ist-Zustand festgestellt, darauf aufbauend werden zukünftige Entwicklungen prognostiziert. „Kritische" Deskriptoren zeichnen sich durch alternative Entwicklungstendenzen (Ausprägungen) aus und führen zu alternativen Zukunftsbildern. „Unkritische" Deskriptoren charakterisieren sich durch klare und eindeutige Trends, mit geringen Ausprägungen.
4. Bildung und Auswahl alternativer, konsistenter Annahmenbündel: Betrachtung der „kritischen" Deskriptoren. Die kritischen Deskriptoren werden computerunterstützt mit Hilfe einer Konsistenzmatrix zusammengestellt. Unter der Prämisse, dass die Deskriptoren möglichst widerspruchsfrei sind und ihr gemeinsames Eintreffen als plausibel gelten.

---

[120] Bea, F.X.; Haas, J.: a.a.O., S. 264
[121] vgl. Stahl, W.: a.a.O., S. 101
[122] vgl. Rose, P.: Szenariogestützte Kompetenzplanung unter dynamischen Wettbewerbsbedingungen, in: Zerres, M. (Hrsg.): Handbuch Marketing-Controlling, 2. Aufl., Heidelberg 2000, S. 111 ff.

5. Interpretation der ausgewählten Umfeldszenarien (Szenario-Interpretation): Aufgrund der Annahmebündel, kombiniert mit „unkritischen" Deskriptoren, sind in kreativen Prozessen Szenarien in Form von Storys zu entwickeln.
6. Einführung und Auswirkungsanalyse signifikanter Störereignisse: Störfälle sind plötzlich auftretende Ereignisse, die vorher nicht erkennbar waren und Trends in eine andere Richtung lenken, also eine signifikanten Einfluss auf die Szenarien haben. Sie sind daher in die Szenarien einzuführen.
7. Ausarbeiten von Szenarien beziehungsweise Ableiten von Konsequenzen für das Untersuchungsfeld (Auswirkungsanalyse): In diesem Schritt werden unternehmensspezifische Aspekte aus den erstellten Szenarien abgeleitet. Es werden Verhaltensweisen von Unternehmen festgelegt. Dabei sollte man sich zumindest auf drei Szenarien konzentrieren: Den „best case", das wahrscheinlichste Szenario und den „worst case".
8. Konzipieren von Maßnahmen und Planungen (Maßnahmeplanung): Umsetzung in Einzelmaßnahmen und Integration in der Unternehmensplanung.

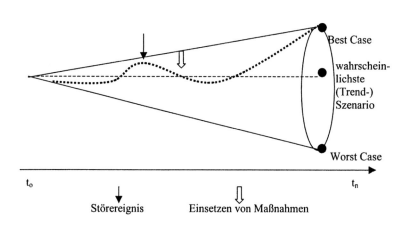

Abb. 9: Denkmodell zur Darstellung von Szenarien

Quelle: der Verfasser, in Anlehnung an: Stahl, W.: Risiko- und Chancenanalyse im Marketing, Diss., Frankfurt 1992, S. 102

Das Denkmodell zur Bildung von Szenarien kann anhand eines Trichters verdeutlicht werden. Diese Darstellung verdeutlicht auch, dass Szenarien weniger der exakten und quantitativen Erfassung zukünftiger Situationen dienen, sondern vielmehr den Zweck erfüllen, sich mit potentiellen Einflussgrößen (Risikofaktoren) und deren Einwirkung auf die Marketingziele auseinander zusetzen. Die idealtypischen Schritte der Szenariotechnik können mit einer Vielzahl von Methoden unterstützt werden. Sie dienen dem Szenario-Management in der Datengewinnung und -analyse, sowie bei der Entwicklung von Ideen und in Entscheidungsfindung, um die Ziele der einzelnen Szenario-Schritte zu erreichen.[123]

Schritte	Methoden
1. Problemanalyse	• Gruppendiskussion • Checklisten • Morphologie
2. Umfeldanalyse	• Gruppendiskussion • Delphi-Methode • Kreativitätstechniken
3. Projektion	• Quantitative Prognosetechniken • Literaturauswertung • Experten - Panel • Wahrscheinlichkeitsschätzung
4. Annahmebündelung	• Gruppendiskussion • Cross-Impact-Analyse • Konsistenzanalyse
5. Szenario-Interpretation	• Workshops • Simulation • Kreativitätstechniken
6. Störfallanalyse	• Sensibilitätsanalyse • Cross-Impact-Analyse
7. Auswirkungsanalyse	• Workshops
8. Maßnahmen	• Gruppendiskussion • Kreativitätstechniken • Workshops

Tab. 10: Methodische Ansätze für die Szenariotechnik

Quelle: Fasse, F.-W.: Risk-Management im strategischen internationalen Marketing, Hamburg 1995, S. 169

---

[123] vgl. Fasse, F.-W.: a.a.O., S. 168

69

4.2.4 Kreativitätstechniken

Die vorherigen Abschnitte zeigen, dass Kreativitätstechniken immer ein immanenter Bestandteil der Risikoidentifikation sind. Kreativität ist im Rahmen der Risikoidentifikation notwendig, da nicht alle Risikoobjekte und -faktoren bekannt sind. Wesentlich ist, dass logisch-strukturiertes Denken anhand von festgelegten Vorgehensweisen und Algorithmen oftmals nicht ausreicht, um Risiken zu identifizieren.[124]

Die unten aufgeführten Kreativitätstechniken dienen dazu, „das kreative Potential eines Individuums oder einer Gruppe bzw. eines Teams zu fördern und zu erhöhen, vorwiegend mit dem Ziel Probleme und Fakten zu finden sowie Ideen, Alternativen und Lösungen zu einem Problem zu entwickeln."[125]

Methodengruppe	Verfahrensmerkmale
A Brainstorming und seine Abwandlungen • Klassisches Brainstorming • Anonymes Brainstorming • Destruktiv-konstruktives Brainstorming • Didaktisches Brainstorming	Ungehemmte Diskussion, in der keine Kritik geübt werden darf; phantastische Einfälle und spontane Assoziationen sollen geäußert werden
B Brainwriting-Methoden • Methode 635 • Brainwriting-Pool • Collective-Notebook-Methode	Spontanes Niederschreiben von Ideen auf Formulare oder Zettel, Umlauf von Formularen
C Methoden der schöpferischen Orientierung • Heuristische Prinzipien • Suchfeldauflockerung • Bionik	Befolgung bestimmter Prinzipien zur Lösungssuche
D Methoden der schöpferischen Konfrontation • Klassische Synektik • Visuelle Synektik • Reizwort-Analyse • Semantische Intuition • Katalogtechnik	Stimulierung der Lösungsfindung durch Auseinandersetzung (Konfrontation) mit Bedeutungsinhalten, die scheinbar nicht mit dem Problem zusammenhängen

---

[124] vgl. Fischer, J.: a.a.O., S. 201 ff.

[125] Johansson, B.: Kreativität und Marketing. Die Anwendung von Kreativitätstechniken im Marketingbereich, 2. Aufl., Bern 1997, S. 6

E Lösungsfindung durch semantische Strukturierung • Morphologischer Kasten • Funktionsanalyse • Morphologische Matrix • Problemlösungsbaum • Ablaufanalyse	Aufteilung des Problems in Teilkomplexe, Lösung der Teilprobleme und Zusammenfügung zu einer Gesamtlösung, Systematisierung von Lösungsmöglichkeiten
F Methoden der systematischen Problemspezifizierung • Progressive Abstraktion • Epistemologische Analyse • Hypothesen-Matrix • Relevanzbaum	Aufdeckung der Kernfragen eines Problems oder Problembereichs durch systematisches und hierarchisch-strukturierendes Vorgehen

Tab. 11: Methoden der Ideenfindung nach Verfahrensmerkmalen

Quelle: Fischer, J.: Marktchancensuche im Unternehmen, Diss., Frankfurt 1994, S. 202-203

Teilnehmer so genannter „Kreativitäts-Sitzungen", die o.g. Methoden anwenden, sind im gesamten Wertschöpfungsprozess einer Unternehmung anzutreffen. Das unternehmensinterne Umfeld bietet ein breites Feld von Informationsquellen, hierzu zählen nicht nur Experten aus Marketing-, Verkaufs- und Risikomanagementbereichen, sondern auch Mitarbeiter von Einkauf und Beschaffung. Die Teilnehmer sollten jedoch auch aus dem direkten und indirekten Beschaffungsbereich, sowie aus dem Bereich der direkten und indirekten Abnehmer (Absatzmittler und Konsumenten) kommen.[126]

4.3 Die Risikowahrnehmung

Ein Ziel des Risikomanagements ist es, ein Risikobewusstsein zu erzeugen, d.h. die Entscheidungsträger müssen sich über die Existenz von Risiken im Marketing im Klaren sein[127]. Das vorhandene Risikobewusstsein der Mitarbeiter in einem Unternehmen ist die Voraussetzung, die Risikoidentifikation erfolgreich durchzuführen. Risikobewusstsein ist eine Bedingung, einen Risikomanagementprozess in einem Unternehmen in Gang zu setzen.
Die Risikowahrnehmung der Führungskräfte und Mitarbeiter, die mit dem Management der Risiken beauftragt sind, ist von wesentlicher Bedeutung für den Baustein der Risikoidentifikation. Die Risikowahrnehmung bezogen auf die Risikoidentifikation hat Einfluss auf die Erstellung des Risikokataloges, d.h. sie hat auch einen erheblichen Einfluss auf die Analyse, Bewertung und Steuerung von Risiken.

---

[126] vgl. Fischer, J.: a.a.O., S. 236-237
[127] vgl. Hölscher, R.: a.a.O., S. 305-306

Eine unterschiedliche subjektive Risikowahrnehmung führt zu unterschiedlichen Bewertungen und Gewichtungen in der Risikoanalyse und damit beispielsweise zu divergierenden Steuerungsmaßnahmen. Unterschiedliche Wahrnehmungen mit Hilfe von Gruppenprozessen zu objektiveren ist ein legitimes Mittel, jedoch nur unter Beachtung gruppendynamischer Risiken.

Die Risikowahrnehmung kann hinsichtlich der Wahrnehmbarkeit und Beherrschbarkeit dimensioniert werden[128].

Der Risikomanagementprozess in einem Unternehmen kann nur mit den Risiken umgehen, die gleichzeitig wahrnehmbar und beherrschbar sind. Nicht wahrnehmbare bzw. nicht beherrschbare Risiken ergeben für Unternehmen ein Restrisiko, dass nicht zu managen ist.

Wahrnehmbar:
Das Risiko kann im Rahmen der Risikoidentifikation erkannt werden

Beherrschbar:
Das Risiko kann im Rahmen der Steuerungsstrategien vermindert werden

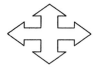

Nicht beherrschbar:
Das Risiko kann nicht im Rahmen der Steuerungsstrategien vermindert werden

Nicht wahrnehmbar:
Das Risiko kann im Rahmen der Risikoidentifikation nicht erkannt werden

Weiterhin werden „Risiken unterschiedlich bewertet, je nachdem ob der Bewertende einen eigenen Einfluss auf die Höhe des Risikos für möglich hält oder nicht."[129] Die Subjektivität der Risiken ist keinesfalls zu vernachlässigen oder als irrational zu bewerten, sondern ist vielmehr im Rahmen der Risikoidentifikation zu vergegenwärtigen.
Die subjektiven Risiken stellen keine objektive Größe dar, sie können jedoch mit der Intention „Objektivität" auf den Stand eines kollektiven Wissens gebracht werden.[130]

---

[128] vgl. Slyba, M; Urban, D.: Risikoakzeptanz als individuelle Entscheidung, Schriftenreihe des Institutes für Sozialwissenschaften der Universität Stuttgart: No. 1/2002, Stuttgart 2002, S. 29

[129] Renn, O.: Die subjektive Wahrnehmung technischer Risiken, in: Herausforderung Risikomanagement, hrsg. von Hölscher, R; Efgen, R., Wiesbaden 2002, S. 75

[130] vgl. Renn, O.: a.a.O., S. 75

4.3.1 Kognitive Wahrnehmung von Risiken

Generell gibt es zwei Seiten der Risikowahrnehmung. Einerseits die objektive Seite, von ihr wird gesprochen, „wenn sie von mehreren Personen unabhängig voneinander (intersubjektiv) identisch beschrieben werden kann (consensual reality)."[131] Andererseits gibt es die subjektive Ebene der Wahrnehmung, bei dieser handelt es sich um die Wahrnehmung des Betrachters selbst. Der subjektiven Wahrnehmung steht also die objektive Ebene gegenüber.

Eine Person handelt meist auf der Grundlage wie und was er wahrgenommen hat und nicht immer auf einer objektiven, realitätsbezogenen Grundlage, d.h. handlungsrelevant ist für eine Person nicht unbedingt die objektive Risikosituation, sondern die individuell wahrgenommene Situation, wie sie von der kognitiven Theorie beschrieben wird[132].

Die Kernaussage der kognitiven Theorie besteht darin, „dass Verhalten nicht die Reaktion auf eine objektive Situation, sondern vielmehr auf die kognitive Repräsentation dieser Situation ist."[133] Unter dem Begriff Kognition werden allgemein Prozesse des Erkennens und Wissens subsumiert, hierbei handelt es sich u.a. um Prozesse des Wahrnehmens, Schlussfolgerns, Erinnerns, Denkens und Entscheidens[134].

Personen reagieren daher nicht auf die objektiv beschreibbare Welt („consensual reality"), sondern auf eine eigene konstruierte Interpretation der Welt[135]. Der Ansatz der kognitiven Theorie beschreibt die Risikoidentifikation als einen subjektiven Prozess, in welchem die individuellen Erfahrungen, das Wissen und die Werthaltung der Entscheidungsträger von besonderer Bedeutung sind[136].

Für die Risikowahrnehmung bedeutet dies, dass die Risikoobjekte und Risikofaktoren im Marketing bestimmte kritische Aspekte aufweisen müssen, die sie für ein Individuum als solche erkennbar machen. Das „technische" Identifikationsinstrument alleine reicht nicht aus, um Risiken wahrzunehmen und auf sie zu reagieren. Die Risikoidentifikation muss durch den „individuellen Filter" der Führungskräfte und Mitarbeiter gelangen, d.h. jede Risikoidentifikation ist aus Sicht der kognitiven Theorie eine schon im Vornherein selektierte Risikoidentifikation.

---

[131] Schuy, A.: a.a.O., S. 45
[132] vgl. Schuy, A.: a.a.O., S. 45
[133] Frey, D.: Kognitive Theorien in der Sozialpsychologie, in: Sozialpsychologie. Ein Handbuch in Schlüsselbegriffen, Frey, D.; Greif, S. (Hrsg.), 3. Aufl. Weinheim 1994, S. 51
[134] vgl. Zimbardo, P.: Psychologie, 5. Aufl., Heidelberg, S. 615
[135] vgl. Zimbardo, P.: a.a.O., S. 8
[136] vgl. Ruff, F.: Ökologische Krise und Risikobewusstsein, Diss., Wiesbaden 1990, S. 60

Eine objektivierte Wahrnehmung des Risikos und damit auch eine objektivierte Risikoidentifikation ist im Rahmen der o.g. „consensual reality" möglich.

4.3.2 Die Wahrnehmung von Risikofaktoren und Risikosignalen

Die Wahrnehmung der Risiken kann in zwei Kategorien beschrieben werden: Einerseits die Wahrnehmung von Risiken im Zeitablauf und andererseits die qualitative Wahrnehmung des Risikos.

Die qualitative Wahrnehmung bezieht sich auf die Wahrnehmung von Risikoobjekten und -faktoren. Was man als ein Risiko bezeichnet, hängt in großem Maß von der subjektiven Wahrnehmung ab, d.h. die Identifikation eines Risikos wird bestimmt vom Anspruch an Konkretisierung und Detailtreue der Untersuchungsträger.

Die folgende Abbildung soll verdeutlichen, dass gleichzeitig mehrere Risikofaktoren, je nach Genauigkeitsgrad, wahrnehmbar sind. Je genauer ein Risiko spezifiziert ist, beispielsweise das „Produkt des Konkurrenten A" ist spezifischer als der Risikofaktor „Konkurrent A", desto höher ist der Informationsgrad, durch den sich der Risikofaktor auszeichnet. Für die Risikosteuerung bedeutet eine detaillierte qualitative Wahrnehmung eines Risikos ein zielgerichteteres Steuerungspotential.[137]

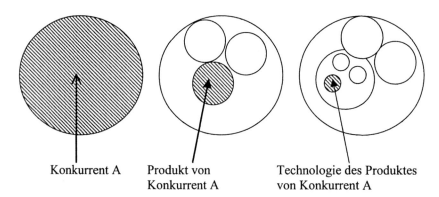

Konkurrent A   Produkt von   Technologie des Produktes
                Konkurrent A   von Konkurrent A

Abb. 10: Unterschiedlicher Grad der qualitativen Risikowahrnehmung

Quelle: der Verfasser, in Anlehnung an: Schuy, A.: Risiko-Management. Eine theoretische Analyse zum Risiko und Risikowirkungsprozess als Grundlage für ein risikoorientiertes Management unter besonderer Berücksichtigung des Marketing, Diss., Frankfurt 1989, S. 90

---

[137] vgl. Schuy, A.: a.a.O., S. 89 ff.

Die nächste Kategorie beschäftigt sich mit der Wahrnehmung der Risiken im zeitlichen Verlauf und wird mit Hilfe der unten dargestellten Abbildung verdeutlicht. Unterschiedliche Risikosignale (z.b. „Weak Signals", Indikatoren) können von Entscheidungsträgern einer Unternehmung wahrgenommen werden. Der Zeitpunkt der Wahrnehmung von Risiken hängt u.a. von der Risikobereitschaft der Personen ab, d.h. risikoscheuere Unternehmen werden Risikosignale früher wahrnehmen und auf sie reagieren, als risikofreudigere Unternehmen.

Empirische Untersuchungen ergaben hierzu folgenden interessanten Zusammenhang: Bei hohem Unternehmenserfolg liegt eher risikoscheues Verhalten vor, negative Abweichungen vom Zielniveau führen jedoch zur Zunahme riskanter Entscheidungen (risikofreudig)[138]. Das bedeutet, dass Manager eher bereit sind, riskante Entscheidungen zu fällen, wenn die Unternehmenssituation als kritisch eingestuft wird. Risikosignale, wie beispielsweise die „Weak signals", würden nicht für die Risikoidentifikation verwendet bzw. bei deren Kenntnis ignoriert werden. Hierbei entsteht das Problem, in den Risikoprozess nicht mehr ganz bzw. nur noch zu einem Teil eingreifen zu können.

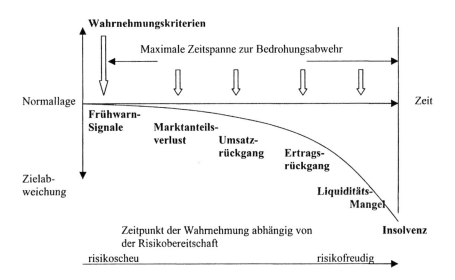

Abb. 11: Bedrohungszustände der Wahrnehmung und Risikobereitschaft
Quelle: Der Verfasser, in Anlehnung an: Schuy, A.: a.a.O., S. 62

---

[138] vgl. Schneider, M.: a.a.O., S.68

75

Je weiter ein Risikoprozess fortgeschritten ist, d.h. je später eine Risikosituation erkannt wird, umso größer kann die negative Zielabweichung von der Normallage (= Zielerwartung) sein. Risikoscheue Unternehmen werden darauf achten, dass solche Kriterien, die frühzeitig auf Risiken hinweisen, im Risikomanagementprozess involviert sind (z.b. „Weak signals") und Reaktionen auslösen. Risikofreudigere Unternehmen hingegen werden aus der Wahrnehmung von Frühwarnsignalen noch keine Risikosituation schließen.

4.4 Risikoidentifikation im Gruppenprozess

In den folgenden Abschnitten werden verschiedene gruppendynamische Prozesse erläutert, aus denen für Unternehmen erhebliche Risiken entstehen können. Gruppendynamische Risiken sind ein wenig beachtetes Thema im Risikomanagement, obwohl eine Vielzahl von Gruppenentscheidungen Auswirkungen auf das Erreichen der Unternehmens- und Marketingziele haben. Entscheidungen von Führungskräften über die Marketingstrategie, das Marketingbudget und die Umsetzung der Marketinginstrumente finden in Gruppen statt, in Gruppen werden die beschriebenen Instrumente der Risikoidentifikation (z.B. Szenariotechnik und Kreativitätstechniken) angewandt.
Den Entscheidungsprozess von Gruppen im Abschnitt der Risikoidentifikation im Marketing zu behandeln, hat den Grund, dass die Risikoidentifikation der erste Baustein und damit der Beginn des Risikomanagementprozesses ist.

Wesentlich ist es, den Prozesscharakter einer Gruppenentscheidung zu betrachten. Die Ergebnisse einer Risikoidentifikation kommen nicht zu einem bestimmten Zeitpunkt zustande, sondern entstehen in einem mühseligen „Prozess mit vorläufigen und endgültigen Entscheidungen, Gegenentscheidungen, Zurücknahmen, Veränderungen und erneuten Entscheidungen."[139]
Die geringe Beachtung gruppendynamischer Risiken hat die Annahme zur Ursache, dass man Gruppen meist quantitativ und qualitativ bessere Entscheidungen kritiklos unterstellt. Die sozialpsychologische Forschung zeigt jedoch, dass Gruppenentscheidungen gegenüber Einzelentscheidungen qualitativ nicht befriedigender sein müssen[140]. Gruppenmitglieder legen sich schon im Vornherein auf ihr Vorgehen im Rahmen einer Diskussion fest und empfinden es eher als störend, wenn von anderen noch ein weiterer oder neuer Vorschlag eingebracht wird.

In den nächsten drei Abschnitten werden gruppendynamische Risiken skizziert, im vierten Abschnitt wird ein marketingbezogenes Fallbeispiel erläutert und in den Kontext gruppendynamischer Risiken eingebetet.

---

[139] Sader, M.: Psychologie der Gruppe, 4. Aufl., München 1994, S. 209
[140] vgl. von Rosenstiel, L., Molt, W.; Rüttinger, B.: Organisationspsychologie, 8. Aufl., Stuttgart 1995, S. 131

4.4.1 Groupthink

Groupthink setzt sich mit dem Gruppendenken auseinander und verweist damit bewusst an das Gruppendenken aus George Orwells Roman „1984"[141]

Irving L. Janis entwickelte dieses sehr populäre Modell zur Erklärung von Fehlentscheidungen in Gruppen. Janis analysierte eine Vielzahl historischer Fehlschläge, wie z.b. die Schweinebuchtinvasion der Amerikaner in Kuba oder die Watergate-Affäre. Er definiert Groupthink als „ein übermäßiges Streben nach Einmütigkeit, das gegenüber einer realistischen Evaluation der Sachlage Überhand gewinnt". Die Einmütigkeit kann als ein Harmonisierungsstreben verstanden werden und zeichnet sich durch folgende Symptome aus:[142]

- Selbstüberschätzung der Gruppe
- Engstirnigkeit und Druck auf Andersdenkende
- Bestärkung der eigenen Ansichten
- Schnelle Findung eines Konsens

Dadurch stellen sich Fehler im Entscheidungsprozess ein, z.b. Unterschätzung von Risiken der bevorzugten Entscheidungsalternative, keine Beachtung oder Bewertung anderer Alternativen, sowie keine Planung von Eventualfällen[143]. Es steigt die Wahrscheinlichkeit von Fehlentscheidungen und damit auch das Risiko.

Das Groupthink-Modell bietet somit einen Ansatz, um Fehlentscheidungen in Gruppen zu verstehen und bei dessen Kenntnis auch zu vermeiden.

4.4.2 Entrapment

Entrapment ist ein Terminus für: „In die eigene Falle früherer Entscheidungen zu fallen". Darunter ist Folgendes zu verstehen:

„Je mehr Ressourcen (in Form von Zeit, Geld, Aufwand, persönlicher Identifikation mit dem Projekt etc.) man bereits in Vorbereitung oder Durchführung eines Handlungsganges investiert hat, desto mehr Ressourcen wird man zukünftig in diesen Handlungsgang investieren und desto länger wird man später an ihm festhalten, wenn die Zielerreichung in Frage gestellt ist".[144]

---

[141] vgl. Bierhoff, H. W.: Sozialpsychologie, 4. Aufl. Stuttgart 1998, S. 304

[142] Schulz-Hardt, S.: Realitätsflucht in Entscheidungsprozessen, Diss., Bern 1997, S. 22 ff.

[143] vgl. Frey, D.; Schulz-Hardt, S.: Fehlentscheidungen in Gruppen, in: Ardelt-Gattinger, E., u.a. (Hrsg.): Gruppendynamik. Anspruch und Wirklichkeit der Arbeit in Gruppen, Bern 1998, S. 144-145

[144] Lück, H: Einführung in die Psychologie sozialer Prozesse (Skript), Hagen 2000, S. 110

Entrapment bedeutet also, dass Entscheidungen, die sich als falsch herausgestellt haben, nicht dazu führen, den Handlungsprozess einzustellen, sondern an ihm festzuhalten. Fehlentscheidungen würden oft weniger schwerwiegend ausfallen, wenn man sie rechtzeitig korrigiert hätte und nicht noch mehr Ressourcen investiert worden wären. Die Korrektur wäre aber gleichzeitig ein Eingeständnis eines Fehlers und wird aus diesem Grund vermieden.

Fehlentscheidungen werden solange aufrechterhalten, bis sie den eingesetzten Aufwand rechtfertigen. Wenn man bedenkt, dass Gruppen oft sehr viel Zeit benötigen um sich zu einigen, liegt es nahe die geleistete Arbeit als nicht vergeblich wahrzunehmen und die Entscheidung beizubehalten.[145]

4.4.3 Entscheidungsautismus

Entscheidungsautismus kann bei Einzel- und Gruppenentscheidungen auftreten und die Qualität einer Entscheidung nachhaltig beeinflussen. Es handelt sich hierbei um einen Selbstbestätigungsmechanismus, d.h. Menschen neigen dazu, auf eine unkritische Bestätigung der eigenen Ansichten hinzuarbeiten. Diese Selbstbestätigungstendenzen zeichnen sich in Gruppen durch folgende Komponenten aus:

- Aufwertung der favorisierten und Abwertung der nicht favorisierten Entscheidungsalternative
- Selektive Auswahl von bestätigenden und Vermeidung widersprüchlicher Informationen hinsichtlich der eigenen Ansichten
- Bevorzugte Interaktion mit Personen, die derselben Ansicht sind wie man selbst
- Sie treten vor, während und nach der Gruppenentscheidung auf

Die Ausprägung des Entscheidungsautismus hängt von der Erwartungsbildung der Gruppe und seiner Mitglieder ab.
Je stärker man sich auf eine Alternative festgelegt hat und je überzeugter man von der Bestätigung seiner Alternative ist, umso größer ist die Ausprägung des Entscheidungsautismus. Der Entscheider zieht sich in seine eigene selbstkonstruierte Entscheidungswelt zurück, in welcher nur das sein kann, das seiner Ansicht nach auch sein darf. Der Selbstbestätigungsmechanismus kann eine Gruppe oder Einzelperson weit von der Realität entfernen.[146]

---

[145] vgl. Frey, D.; Schulz-Hardt, S.: a.a.O., S. 147-149
[146] vgl. Frey, D.; Schulz-Hardt, S.: a.a.O., S. 150

4.4.4 Fallbeispiel Barclays

Anhand eines Fallbeispieles soll die Bedeutung dieser gruppendynamischen Prozesse für das Marketing deutlich werden:

Fallbeispiel Barclays:[147]
Barclays ist eine Zigarette, die im Oktober 1984 mit einem geschätzten Marketingetat von DM 20 Mio. in Deutschland eingeführt wurde. Vor allem in der Kommunikationspolitik wurden große Geschütze aufgefahren, die Zigarette wurde als „der entscheidende Schritt in eine neue Generation von Zigaretten" bezeichnet. Die bedeutende Innovation dieser Zigarette lag im Filter. Dort waren vier luftdurchlässige Seitenkanäle angebracht, die getrennt vom Rauch auch Luft in den Mundraum befördern sollten, trotz weit geringerer Kondensat- und Nikotinwerte warb Barclay für ein „Full Flavour Aroma".
Aggressive Kommunikationspolitik sorgte für rasant anwachsende Marktanteile. Konkurrenzunternehmen ließen schon zuvor die Zigarette untersuchen und fanden heraus, dass bedingt durch die Technik der Abrauch-Maschinen und der Seitenkanäle falsche, zu geringe Kondensat- und Nikotinwerte ermittelt wurden. In Wahrheit waren die Werte der Zigarette mit Marlboro und anderen vergleichbar. Die Zigarette wurde aufgrund der falschen Werteangaben (Nikotin, Teer) durch einstweilige Verfügung verboten.
Im Folgejahr wurde versucht, die Barclay-Zigarette erneut in Deutschland einzuführen, dieses Vorhaben schlug wiederum fehl. Erstaunlich ist auch, dass die Barclay schon 1981 in der Schweiz und 1983 in den USA verboten wurde. Auch dort durfte die Zigarette nicht mit diesen Kondensat- und Nikotinwerten werben.

Betrachtet man diese Handlungen von 1981 bis 1985 aus Sicht der gruppendynamischen Risiken, werden die Vorgänge weniger verwunderlich. Entrapment eignet sich, diesen Vorgang zu erklären.

In der Schweiz schlug die Einführung der Marke Barclay schon 1981 fehl, zwei Jahre später musste die Zigarettenmarke auch in den USA vom Markt genommen werden. Es wurde also eine Menge an Zeit, Geld und unternehmerischen Aufwand in die Marke Barclay investiert. Obwohl das Unternehmen selbst, sowie auch die Konkurrenten, den Schwindel der Zigarette (Messfehler der Abrauch-Maschinen) kannten, wurde in Deutschland ein Marketingetat in Höhe von DM 20 Mio. genehmigt.

---

[147] vgl. Eichhorn, J.-P.: a.a.O., S. 49

Es war auch in Deutschland offensichtlich, dass die Barclay vom Markt genommen wird. Trotzdem entschied man sich weiterhin Ressourcen in die Marke zu investieren, drei Jahre nachdem die Zigarette schon mit Ihrem Werbeschwindel in der Schweiz und den USA aufflog. Selbst als das Ziel, die Marke in Deutschland 1984 zu etablieren, fehlschlug, versuchte man 1985 die Zigarette mit einem Relaunch auf den Markt zu bringen.
Wieder wurden in hohem Maße Zeit und Geld investiert. Nach vier Jahren Barclay Zigarette gilt die Marke jetzt als „erledigt".

Es wird deutlich, dass Fehlentscheidungen im Nachhinein nicht verbessert, sondern noch mehr Ressourcen in den fehlerhaften Handlungsprozess investiert werden – ein Indiz für Entrapment.

Inwieweit Groupthink oder Entscheidungsautismus eine Rolle gespielt hat, ist von außen nur schwer ersichtlich. Es ist jedoch nicht abwegig anzunehmen, dass hier nur wenige Handlungsalternativen zu der Zigarette Barclay von den verantwortlichen Führungskräften entwickelt wurden, diese Tatsache wäre ein Hinweis auf Groupthink.

Es wäre auch gut möglich, einen Entscheidungsautismus festzustellen. Schon 1981 wurde die Zigarette in der Schweiz verboten, für eine Gruppe (Einzelperson) eine Realität, die nicht sein durfte und für ausgeprägte Entscheidungsautisten eine Realität, die nicht sein konnte. Die Marke Barclay wurde weiterhin in anderen Ländern eingeführt, solange bis die Realität die Entscheider eingeholt hatte und sie die Marke endgültig vom Markt nehmen mussten.

4.5 Identifizierte Risikoobjekte und Risikofaktoren im Marketing

Die in den folgenden Abschnitten aufgeführten Risiken sind natürlich nur unvollständig und müssen in den Unternehmen individuell identifiziert werden, dies gilt auch für die Zuordnung von Risikoobjekt und Risikofaktor.

Porter gibt eine Hilfestellung hinsichtlich der Klassifizierung von Risiken im Marketing. Man kann sich an den fünf Triebkräften des Wettbewerbs orientieren. Die Betrachtung nimmt hierbei den Ausgang von äußeren Umständen des Unternehmens (extern induzierte Risiken), die Zielabweichungen verursachen. Porters Betrachtung bezieht sich wesentlich auf das Untersuchungsfeld „Markt". Es handelt sich hierbei um folgende Risikofaktoren:[148]

---

[148] vgl. Porter, M. E. (1999a): a.a.O., S. 26 und Töpfer, A.; Heymann, A.: a.a.O., S. 233-234

- Risikofaktoren, die entstehen, wenn Wettbewerber der gleichen Branche im Untersuchungsfeld „Markt" aufeinander treffen
- Risikofaktoren, die in der Wertschöpfungskette bezogen auf Lieferanten und deren Marktmacht im Untersuchungsfeld „Markt" verursacht werden
- Risikofaktoren, die in der Wertschöpfungskette bezogen auf Abnehmer und Konsumenten und deren Marktmacht im Untersuchungsfeld „Markt" verursacht werden
- Risikofaktoren, die durch Substitutions- bzw. Ersatzprodukte für bisherige Marktleistungen im Untersuchungsfeld „Markt" verursacht werden
- Risikofaktoren, die aus der Veränderung der Markt- und Branchenkonstellation dadurch verursacht werden, dass neue Wettbewerber auftreten.

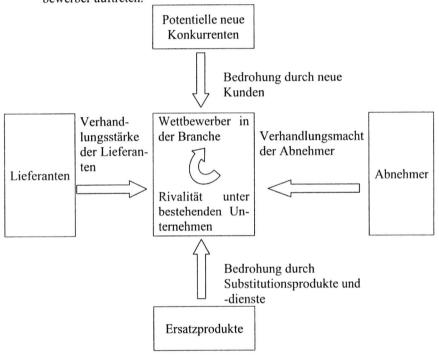

Abb. 12: Fünf Triebkräfte nach Porter

Quelle: Porter, M. E. (1999a): a.a.O., S. 26

Wie in Kapitel 3 beschrieben, haben Risikoobjekte und Risikofaktoren einen relativen Charakter zueinander, d.h. je nach Blickwinkel können sie sich gegenseitig austauschen.

Als pragmatischen Ansatz, sollte man daher folgende Überlegungen zur Einteilung von Risikoobjekten und Risikofaktoren berücksichtigen.

Die Einteilung erfolgt mit Hilfe der Marketingziele. Risikoobjekte stehen in einer unmittelbaren Beziehung zum Marketingziel. Beispielsweise das Produkt A zum geplanten Umsatzziel. Der Risikofaktor hingegen wirkt unmittelbar auf das Risikoobjekt, aber nur mittelbar auf das Marketingziel, beispielsweise Normen und Werte.
Die Einteilung kann nur subjektiv erfolgen und ist daher unternehmensindividuell festzulegen. Folgende Fragestellungen können die Unterscheidung Risikoobjekt und -faktor unterstützen:

- Kann der Faktor ohne das Objekt das Ziel beeinflussen?"
    - o Ja, Faktor auch als Objekt möglich
    - o Nein, Faktor bleibt Faktor

- Können sich Faktor und Objekt gegenseitig austauschen und besteht weiterhin die gleiche Beziehung zum Marketingziel?"
    - o Ja, Faktor auch als Objekt möglich
    - o Nein, Faktor bleibt Faktor

Beispiel:

Das Umsatzziel steht in Verbindung mit dem Risikoobjekt „Produkt Schokolade". Ein möglicher Risikofaktor ist: Eintrittsbarrieren für Konkurrenten in den Markt. Werden Risikoobjekt und -faktor getauscht, hätte das „Produkt Schokolade" keinen unmittelbaren Einfluss auf das Umsatzziel, sondern würde unmittelbar auf die Eintrittsmöglichkeit der Konkurrenten in den „Schokoladenmarkt" Einfluss nehmen. Da dies nicht der Fall sein wird, ist das „Produkt Schokolade" ein Risikoobjekt und die Eintrittsmöglichkeit für Konkurrenten in den Markt ein Risikofaktor und nicht umgekehrt.

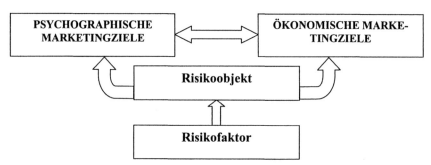

Abb. 13: Risikoobjekte und Marketingziele

Risikofaktoren wirken als Kräfte auf die Risikoobjekte, diese stehen in Beziehung zu psychographischen und ökonomischen Marketingzielen und können Zielabweichungen verursachen. Psychographische und ökonomische Ziele stehen wiederum in einer gegenseitigen Abhängigkeit.

Jedoch muss man darauf hinweisen, dass die Vielzahl von Risikoobjekten und Risikofaktoren eine vollständige Identifizierung unmöglich macht. Die beiden folgenden Abschnitte behandeln eine denkbare Risikoidentifikation in Bezug auf ökonomische und psychographische Ziele. Aus Gründen der Transparenz werden nur ein Marketingziel und ein Risikoobjekt dargestellt. Bei den Marketingzielen handelt es sich um einen „geplanten Umsatz", der nicht näher präzisiert wird, sowie um ein nicht näher definiertes „geplantes Produktimage". Diese sind von den Unternehmen individuell festzulegen.

Offensichtlich ist das Problem der zeitlichen Dimension des Risikos. Eine Risikoidentifikation findet immer vor einen dynamischen Hintergrund statt. Eine Systematisierung bzw. Hierarchisierung der Risiken im Marketing schließt eine fortlaufende Kontrolle dieser Systematisierung ein, um dem dynamischen Umfeld gerecht zu werden.

4.5.1 Risikoidentifikation in Bezug auf ökonomische Marketingziele

In diesem Abschnitt werden daher Risikofaktoren für ein Neuprodukt aufgeführt. Hierbei besteht folgender Zusammenhang:

- Marketingziel: geplanter Umsatz
- Risikoobjekt: Neuprodukt A
- Risikofaktoren: folgende Tabelle

Marketingziel: geplanter Umsatz Risikoobjekt: Neuprodukt		
	Beschreibung des Risikofaktors	
Risikofaktor	**positiv**	**negativ**
Absatzkanäle	Kann bisherige Absatzkanäle verwenden	Es müssen neue Absatzkanäle generiert werden
Verhältnis zu bestehenden Produktlinien	Ergänzt bestehende Produktlinien	Substituiert bestehende Produktlinien
Preis/Qualitätsverhältnis	Preis und Qualität liegt im Rahmen der Konkurrenz	Preis und Qualität weichen stark vom Konkurrenzstandard ab
Standardisierung	Hohe Standardisierung in der Produktion	Geringe Standardisierung in der Produktion
Konkurrenzfähigkeit	Produkteigenschaften werblich gegenüber den Konkurrenten verwertbar	Produkteigenschaften der Konkurrenz unterlegen werblich nicht verwertbar
Einfluss auf alte Produkte	Fördert den Absatz heutiger Produkte	Reduziert den Absatz heutiger Produkte
Stabilität	Grundprodukt, besteht langfristig Bedarf	Trendprodukt, wird schnell veraltet sein
Marktbreite	Internationale Märkte	Nischenmärkte in kleinen Gebieten
Konjunkturabhängigkeit	Keine Nachfrageänderungen durch Schwankungen	Hohe Nachfrageänderungen durch Schwankungen
Saisonabhängigkeit	Keine saisonalen Schwankungen	Sehr starke Saisonschwankungen
Exklusivität des Produktes	Vollständiger Patentschutz, geringes Nachahmungspotential	Patentierung nicht möglich, hohes Nachahmungspotential
Produktionsmöglichkeiten	Geeignete Kapazitäten vorhanden und frei	Völlig neue Einrichtungen erforderlich
Know-how	Vorhanden, wenig Weiterbildungsmaßnahmen	Gering, viele Weiterbildungsmaßnahmen, hohes Trial and Error-Potential

Tab. 12: Risikoidentifikation bei einer Neuprodukteinführung

Quelle: der Verfasser, in Anlehnung an: Hill, W.; Rieser, I.: Marketing-Management, Bern 1990, S. 230-231

Das Unternehmen muss, auf seine eigenen Bedürfnisse zugeschnitten, Risiko-faktoren identifizieren, kann sich jedoch bei Neuprodukteinführungen an der oben dargestellten Tabelle orientieren.

Die Spalten positiv und negativ sollen die Beschreibung des Risikofaktors präzisieren. Es ist zweckmäßig, hierbei schon Aussagen über die Ausprägung (positiv/negativ) zu machen, da dies den Baustein der Risikoanalyse unterstützt.

Es ist darauf hinzuweisen, dass es sich bei den Begriffen positiv (risikoarm) und negativ (risikoreich) lediglich um Hilfen handelt, den Risikofaktor zu verbalisieren. Sie geben in diesem Zusammenhang noch keine Aussagen über die Eintrittswahrscheinlichkeit und die Zielabweichung. Dieser Zusammenhang wird im folgenden Kapital erläutert.

4.5.2 Risikoidentifikation in Bezug auf psychographische Marketingziele

In diesem Abschnitt werden zwei Formulare der Risikoidentifikation in Bezug auf psychographische Marketingziele vorgestellt.

Hierbei handelt es sich um folgende Beispiele

* Marketingziel: geplantes Produktimage
* Risikoobjekt: Kundenwahrnehmung
* Risikofaktoren: Tab. 13

und

* Marketingziel: geplanter Umsatz
* Risikoobjekt: Produktpolitik
* Risikofaktoren: Tab. 14.

Marketingziel: geplantes Produktimage Risikoobjekt: Kunden		
	Beschreibung des Risikofaktors	
Risikofaktor	positiv	negativ
Aktivierung (Aufmerksamkeit erwecken)	Aktivierung wird vom Konsumenten als angenehm empfunden	Aktivierung wird vom Konsumenten als störend empfunden
Involvement	Hohes Involvement der Zielgruppe	Geringes Involvement der Zielgruppe
Informationsspeicherung	Kunden sind involviert und aktiviert	Kunden nehmen Werbebotschaft nicht wahr
Emotionen	Emotionale Produktdifferenzierung wird durch emotionale Reize vermittelt	Keine emotionale Produktdifferenzierung in der Werbebotschaft
Verhaltenaufforderung	Werbebotschaft fordert bestimmtes Verhalten des Konsumenten	Werbebotschaft fordert nicht zu einem bestimmten Verhalten auf
Marktsegmentierung	Zielgruppe und Zielmärkte sind weitgehend homogen	Zielgruppe und Zielmärkte sind weitgehend heterogen
Produkteigenschaften	Subjektive Wahrnehmung von Produkteigenschaften und Werbebotschaft ist deckungsgleich	Subjektive Wahrnehmung von Produkteigenschaft und Werbebotschaft ist widersprüchlich
Informationsquellen	Viele Informationsquellen können genutzt werden	Nur wenige Informationsquellen bereitgestellt
Assoziation	Werbebotschaft vermittelt positive emotionale Umfeldinformationen	Es werden keine positiven emotionalen Umfeldinformationen geliefert
Belohnungen	Konsument wird für den Kauf belohnt	Keine belohnenden Reize

Tab. 13: Risikoidentifikation in Bezug auf das Produktimage

Quelle: der Verfasser, in Anlehnung an: Kroeber-Riel, W.; Weinberg, P.: a.a.O., zweiter Teil (S. 53-399)

Marketingziel: geplanter Umsatz Risikoobjekt: Produktpolitik		
	Beschreibung des Risikofaktors	
Risikofaktor	**positiv**	**negativ**
Materialbeschaffung für Produkt und Produktverpackung	Es handelt sich um einen polypolistischen Markt, geringe Abhängigkeit der Lieferanten	Angebotsmonopol, hohe Abhängigkeit vom Lieferanten
Materialkosten für Produkt und Produktverpackung	Geringe Schwankungen im Beschaffungsmarkt, gute Planbarkeit	Hohe Schwankungen im Beschaffungsmarkt, geringe Planbarkeit
Eigenschaften der Produktverpackung	Hoher Repräsentationseffekt	Geringer Repräsentationseffekt
Material	Materialqualität ist wahrnehmbar vom Kunden	Materialqualität ist nicht wahrnehmbar vom Kunden
Umweltverträglichkeit	Recycling umweltgerecht möglich	Hoher Schadstoffgehalt im Produktmaterial
Design	Homogene und bekannte Kundenwünsche an das Erscheinungsbild	Heterogene und unbekannte Kundenwünsche an das Erscheinungsbild
Farbe	Farbgebung im Rahmen bestehender Produktlinien	Farbgebung weicht von bestehenden Produktlinien ab
Markenname	Kann in bestehende Markenfamilien problemlos eingebunden werden	Neuentwicklung eines Markennahme
Produktdifferenzierung	Produktdifferenzierung führt nicht zu einem Kannibalisierungseffekt	Produktdifferenzierung führt zu einem Kannibalisierungseffekt
Standardisierung	Hohe Fertigungslose möglich	Nur geringe Fertigungslose
Kundenservice	Wenige Schulungen unter geringem Zeiteinsatz der Mitarbeiter notwendig	Umfangreiche und zeitintensive Schulungen der Mitarbeiter notwendig
Produktkompetenz	Passt in die aufgebaute Kompetenz der Unternehmung	Produkt vermittelt fremde Eigenschaften
Firmenimage	Produktimage ist unabhängig vom Firmenimage	Produkt-/Firmenimage korrelieren hoch

Tab. 14: Risikoidentifikation in Bezug auf die Produktpolitik

5 Risikoanalyse im Marketing

Die Risikoidentifikation im Marketing macht deutlich, dass es mehrere Risikofaktoren gibt, deren in der Summe ausgehende Wirkung zum jetzigen Zeitpunkt
nicht bekannt ist.
Daher muss man im Rahmen der Risikoanalyse generell zwischen drei verschiedenen Ursachen unterscheiden, die für eine ungewisse Gesamtwirkung verantwortlich sind:[149]

1. Man muss davon ausgehen, dass nicht sämtliche Einflussfaktoren des Risikoobjektes bekannt sind.
2. Man kann keine zuverlässige Aussage darüber treffen, welche Wirkungsintensität von den einzelnen Risikofaktoren ausgeht sowie die zeitliche
   Verteilung der Wirkungsintensität der Risikofaktoren bestimmen.
3. Die ungewisse Gesamtwirkung resultiert aus der mangelnden Kenntnis
   über die Interdependenzen zwischen den einzelnen Faktoren. Meist sind
   nur wenige Kenntnisse über die Zusammenhänge einzelner Risikofaktoren bekannt.

Im Prozess der Risikoanalyse muss, um effizient und effektiv zu sein, eine einheitliche Risikobewertungseinheit zugrunde legen. Die Operationalisierung des
Risikos muss einheitliche Größen aufweisen. Beispielsweise wird die Zielabweichung entweder in Ertrags- oder Umsatzgrößen gemessen. Grundlagen der
Operationalisierung des Risikos werden in den folgenden Abschnitten erläutert.

5.1 Die Operationalisierung des Risikos

Die Definition des Risikobegriffes in dieser Arbeit ermöglicht eine Operationalisierung der Risikoanalyse im Marketing und daher auch, die quantitative Dimension des Risikos zu bewerten und zu beurteilen.
Ein Risiko im Sinne dieser Arbeit definiert sich als eine negative Abweichung
von den gestellten Zielen einer Unternehmung. Die Höhe einer möglichen Zielabweichung ermöglicht einen ersten Schritt in der Risikoanalyse. Voraussetzung
für die Risikoanalyse im Marketing sind definierte Marketingziele.

Die Operationalisierung des Risikos kann daher wie folgt dargestellt werden:[150]

$$ZA = E_r - Z_g$$

ZA: Zielabweichung
E_r: realisiertes Ergebnis
Z_g: geplantes Ziel

---

[149] vgl. Stahl, W.: a.a.O.; S. 114-115
[150] vgl. Fasse, F.-W.: a.a.O., S. 57

Im Falle, dass ZA < 0 (negative Abweichung,) ergibt sich ein Risiko, im Falle einer positiven Abweichung ergibt sich eine Chance.

An dieser Definition wird kritisiert, dass die Höhe der Zielabweichung von der Festlegung der Höhe des geplanten Zieles abhängt, ein Unternehmen könnte daher willkürlich seine Ziele an der Zielabweichung orientieren und damit die Risikosituation manipulieren[151]. Derselbe Sachverhalt kann daher einmal als Chance oder als Risiko interpretiert werden, je nach Festlegung der Zielhöhe.

„Da nur Subjekte Ziele verfolgen können."[152], d.h. ein Zielsystem nur von Individuen erstellt werden kann, ist es nicht möglich, ein vollständig objektives Zielsystem zu erzeugen. Der Verzicht auf Operationalisierung des Risikos mit Hilfe der Zielabweichung wäre jedoch unzweckmäßig und würde die Risikoanalyse weitestgehend unterbinden.

Weiterhin kann die Terminologie kritisiert werden, Fasse wie auch Neubürger,[153] sprechen in der oben dargestellten Formel jeweils von einem realisierten Ergebnis.
Da ein realisiertes Ergebnis einem schon eingetretenen Ergebnis gleichzusetzen ist, dürfte in diesem Zusammenhang nicht mehr von Risiko gesprochen werden, da sich dieser Begriff auf zukünftige Ereignisse bezieht. Weiterhin wird in der Literatur regelmäßig von einer Zielabweichung gesprochen.

Da sich Risiken mit zukünftigen Situationen auseinander setzen, wäre es richtig, von potentiellen Zielabweichungen zu sprechen. Die mathematische Definition von Fasse definiert daher vielmehr einen Schaden und nicht ein Risiko. Von einem Risiko kann gesprochen werden, wenn:

- Potentielle Zielabweichung   =   Erwartetes Ergebnis
                                     ./.
                                     geplantes Ziel

Aus Gründen der Transparenz wird im Rahmen dieser Arbeit weiterhin von einer Zielabweichung gesprochen, dieser Begriff schließt die potentielle Zielabweichung mit ein.

---

[151] vgl. Neubürger, K.W.: Risikobeurteilung bei strategischen Unternehmensentscheidungen, Stuttgart 1980, S. 38
[152] Streitferdt, L.: Grundlagen und Probleme der betriebswirtschaftlichen Risikotheorie, Wiesbaden 1973, S. 7, zitiert in: Stahl, W.: a.a.O., S, 17
[153] vgl. Neubürger, K.W. (1980): a.a.O., S. 38 und Neubürger, K.W. (1989), S. 29

Eine weitere Komponente des Risikos befasst sich mit der Eintrittswahrscheinlichkeit eines bestimmten Ereignisses. Fasse schreibt der Risikohöhe folgende
Eigenschaft zu: Sie „lässt sich (..) nicht als eine deterministische Größe prognostizieren, (...). Vielmehr ist mit einer Vielzahl von möglichen Ergebnisauspra-
gungen zu rechnen."[154] Daher wäre die Wahrscheinlichkeitsverteilung der Zielabweichung eines Risikos die zweite Komponente, welche die Operationalisierung des Risikos unterstützt[155].

Im Rahmen dieser Arbeit wird dieser Ansatz nicht vollständig übernommen. Die
Bewertung eines Risikos erfolgt durch die Höhe des maximal drohenden Schadens und der Bewertung der Eintrittswahrscheinlichkeit dieses Schadens[156]. Der
maximal drohende Schaden wäre in der o.g. Formel das schlechteste erwartete
Ergebnis.
Diese Art der Bewertung des Risikos erfolgt auch zum großen Teil in der Praxis
in Deutschland, hierbei werden quantitative und qualitative Risiken berücksichtigt[157].

Die Operationalisierung des Risikos hat einen dualen Charakter. Das eigentliche
Risiko (die Risikohöhe) entsteht erst mit der multiplikativen Verknüpfung der
Größen: Zielabweichung und Eintrittswahrscheinlichkeit[158]. Das bedeutet z.B.,
dass eine bestimmte Risikohöhe sowohl aus einer relativen großen Zielabweichung und geringen Eintrittwahrscheinlichkeit oder einer vergleichsweise geringen Zielabweichung und hohen Eintrittwahrscheinlichkeit bestehen kann[159].

Stahl verweist auf weitere mögliche Komponenten, das Risiko zu operationalisieren. Er spricht zusätzlich von einer räumlichen und einer zeitlichen Komponente.

Bei der räumlichen Komponente handelt es sich um die Beschreibung des
Entstehungs- und Wirkungsorts des Risikos, d.h. man beschäftigt sich mit der
Frage, wo ein Risiko entstanden ist und welche räumliche Ausdehnung es er-
fährt (regional, national, international).

---

[154] Fasse, F.-W.: a.a.O., S. 59
[155] vgl. Stahl, W.: a.a.O., S. 25
[156] vgl. Bitz, H.: a.a.O., S. 40; Anm. d. Verf.: Der Begriff Schaden spiegelt die Problematik
des Begriffes der Zielabweichung wieder, auch hier wäre es richtig von einem potentiellen
Schaden zu sprechen
[157] vgl. Studie des Instituts der Niedersächsischen Wirtschaft e.V. und PwC Deutsche Revision: a.a.O., S 17
[158] vgl. Fasse, F.-W.: a.a.O., S. 219
[159] vgl. Stahl, W.: a.a.O., S. 26

Die zeitliche Komponente nimmt eine Sonderstellung ein. Nur „in ihr (der Zeit; Anm. d. Verf.) allein ist alle Wirklichkeit der [Risiko-]Erscheinungen möglich. Diese [Risikoerscheinungen] können insgesamt wegfallen, aber sie selbst (...) kann nicht aufgehoben werden."[160] Die Zeit ist somit eine immer während Voraussetzung, um Risiken entstehen zu lassen. Die zeitliche Komponente schließt daher die Komponenten Zielabweichung und die Eintrittswahrscheinlichkeit mit ein. Die zeitliche Komponente berücksichtigt die gesamte Dauer der Existenz eines Risikos. Die Existenz des Risikos wäre die Dauer von seiner Entstehung (Risikoobjekt * Risikofaktor) bis zu seinem Untergang. Innerhalb der Existenzphase kann das Risiko unterschiedliche Höhen einnehmen, beispielsweise durch Veränderungen der Eintrittswahrscheinlichkeit der Risikofaktoren (z.B. Änderungen und neue Vorschriften über die Produkthaftung).[161]

Wichtig im Rahmen der zeitlichen Komponente ist das Phänomen der Wirkungsremanenz. Man spricht von der Wirkungsremanenz, wenn die Wirkung eines Risikofaktors nicht unmittelbar nach seinem Auftreten verschwindet, sondern vielmehr noch nachwirkt. In einem solchen Fall spricht man von einem „carry-over-Effekt". Die Wirkung einer Werbekampagne hat noch nach ihrem Auftreten, Auswirkungen auf den Umsatz eines Produktes.[162]

5.2 Die Beurteilung der Zielabweichung

Prinzipiell muss zur man sich folgenden Sachverhalt verdeutlichen: Es gibt kein allgemein akzeptiertes Zielsystem im Marketing, d.h. heißt Zielsysteme weisen immer einen unternehmensspezifischen Charakter auf und damit wird die Zielabweichung in den Unternehmen unterschiedlich beurteilt.

Das heißt, Zielabweichungen werden von den Unternehmen als unterschiedlich bedrohend empfunden. Der Bedrohungsgrad hängt von der Wichtigkeit der einzelnen Ziele (Ober- oder Unterziele) ab. Die unterschiedliche Wertigkeit der Bedrohung wird von den Präferenzen der Unternehmung zu den jeweiligen Zielen bestimmt.
Weiterhin können Ziele eine zeitliche Instabilität aufweisen, d.h. je nach Situation können Ziele anderen Zielen vorgezogen werden. So kann das Ziel der Liquiditätssicherung bei Zahlungsschwierigkeiten kurzfristig oberste Priorität vor anderen Zielen haben (z.B. Marktanteile).[163]

---

[160] Kant, I.: Kritik der reinen Vernunft, hrsg. v. Toman, R., Köln 1995, S. 80
[161] vgl. Stahl, W.: a.a.O., S. 28
[162] vgl. Stahl , W.: a.a.O., S. 128
[163] vgl. Stahl, W.: a.a.O., S. 172

Die Bestimmung von quantitativen Zielabweichungen gestaltet sich in der Regel problemlos. Sie erfolgt meist in Stückzahlen oder in Geldeinheiten, mit welchen die Zielabweichung bewertet wird. Prinzipiell lassen sich diese Zielverfehlungen leicht feststellen, beispielsweise in Form von Vermögenseinbußen, Einnahmeausfällen oder Kapitalverlusten. Das Risiko kann anhand von folgendem Beispiel erläutert werden:

- Absatzziel: 200.000 t
- Schlechtester erwarteter Absatz: 120.000 t
- Zielabweichung = Risiko: 80.000 t[164]

Fasse weist jedoch darauf hin, „wenn auch zur besseren Operationalisierung quantitativen Größen Vorrang einzuräumen ist, so muss im Hinblick auf risikopolitische Überlegungen im (...) Marketing darauf hingewiesen werden, dass sich das Ausmaß der Zielverfehlung bzw. des möglichen Schadens aufgrund der dort anzutreffenden erheblichen Komplexität oftmals einer exakten Quantifizierung entzieht."[165]
Unter Betrachtung der praktischen Aspekte im Marketing lässt sich dann eine Quantifizierung des Risikos in Stückzahlen oder Geldeinheiten vornehmen, wenn sich das Marketingziel und das Risikoobjekt gleichsam quantifizieren lassen.

Ein Absatzziel (Marketingziel) eines Produkts (Risikoobjekt) ist quantifizierbar und damit auch die Zielabweichung. Handelt es sich jedoch um ein quantifizierbares Marketingziel (im Wesentlichen ökonomische Marketingziele) und ein qualitatives Risikoobjekt (z.B. Produktimage), kann keine exakte Quantifizierung der Zielabweichung durchgeführt werden.

Es ist daher aus praktischer Sicht sinnvoll, die Zielabweichung verbal einzuschätzen. Im Rahmen dieser Arbeit werden fünf Stufen der Zielabweichung formuliert. Der Ausgangspunkt der Zielabweichung ist die „Existenzbedrohung". Die Einstufung erfolgt folgendermaßen: Die Zielabweichung für das Erreichen des Marketingziels ist:

- existenzbedrohend,
- schwerwiegend,
- mittel,
- gering,
- unbedeutend

---

[164] Anm. d. Verf.: Das negative Vorzeichen wurde nicht berücksichtigt, da im Rahmen dieser Arbeit das Risiko und damit die Zielabweichung als negativ definiert wurden.
[165] Fasse, F.-W.: a.a.O., S. 215

Die „Existenzbedrohung" bezieht sich nicht nur auf die Bedrohung der Existenz des Unternehmens, sondern vielmehr auch auf die Bedrohung der Ereichung des einzelnen Marketingziels. Die Bedrohung eines Produktziels oder Produktbereichziels kann schon als „existenzbedrohend" eingestuft werden, auch wenn das Unternehmen selbst nur einen geringen Schaden erlangen würde. Die verbale Einschätzung bezieht sich daher auf Zielabweichung des jeweiligen Marketingziels selbst.

Es ist ersichtlich, dass es unterschiedliche Ebenen der Zielabweichung gibt. Wichtig ist eine Einbettung der Zielabweichung in stimmige Ziel-Risikoobjekt-Beziehungen. Das Auslösen von Steuerungsmechanismen hängt nunmehr vom unternehmensweiten Risikomanagement ab sowie von eingebauten Limiten, die den Ebenen zugeteilt sind.

5.3 Die Bestimmung der Eintrittswahrscheinlichkeiten

Unter besonderer Berücksichtigung des Marketings wird es in der Regel nicht möglich sein, objektive Wahrscheinlichkeiten im Marketing zu ermitteln. Daher wird im Rahmen der Risikoanalyse auf die von den Entscheidungsträgern ermittelten subjektiven Wahrscheinlichkeiten zurückgegriffen. Trotz der möglichen Verzerrungen auf Grund von motivationalen, perzeptualen und kognitiven Gründen (z.B. Beteiligung des Produktmanagers an der Umsatzprovision seiner Produktentwicklungen) scheint es die einzige Möglichkeit zu sein, die Operationalisierung von Risiken im Marketing anwendungsgerecht zu unterstützen. Prinzipiell setzt die Bestimmung von objektiven Wahrscheinlichkeiten eine unendliche und zumindest sehr große Reihe von identischen Versuchen voraus[166].

Dies ist in der betrieblichen Praxis im Marketing nicht gegeben. Es ist deshalb erforderlich, dass man in der Mehrzahl der Fälle einer Risikoanalyse im Marketing auf subjektive Wahrscheinlichkeiten zurückgreift.

Die Bildung von subjektiven Wahrscheinlichkeiten soll als Näherungslösung verstanden werden. Hierbei sollte man im ersten Schritt versuchen, die Wahrscheinlichkeiten verbal zu umschreiben und den verbalen Ausprägungen Zahlenwerte zuzuordnen.
Verbale Merkmale können beispielsweise eingestuft werden als, „pessimistischer", „mittlerer" oder „optimistischer Wert".[167] Die Schwierigkeit besteht in der Vereinheitlichung des verbalen Sprachgefühls, sowie in der Zuordnung von verbalen Merkmalen auf eine Eintrittswahrscheinlichkeit. Die folgende Tabelle bietet eine Hilfestellung an.

---

[166] vgl. Stahl, W.: a.a.O., S. 123
[167] vgl. Fasse, F.W.: a.a.O., S. 217

94

Ist ein bestimmtes Ereignis nach dem Urteil des damit Befassten	DANN IST DIE SUBJEKTIVE WAHRSCHEINLICHKEIT IN %
Völlig unmöglich	0 %
Außerordentlich unwahrscheinlich	1 – 10 %
Sehr unwahrscheinlich	11 – 20 %
Recht unwahrscheinlich	21 – 30 %
Unwahrscheinlich	31 – 40 %
Durchaus möglich	41 – 50 %
Sehr möglich	51 – 60 %
Wahrscheinlich	61 – 70 %
Recht wahrscheinlich	71 – 80 %
Sehr wahrscheinlich	81 – 90 %
Außerordentlich wahrscheinlich	90 – 99 %
Völlig sicher	100 %

Tab. 15: Transformation verbaler Urteile in subjektive Wahrscheinlichkeiten
Quelle: der Verfasser, in Anlehnung an: Stahl, W.: a.a.O, S. 124

Die Tabelle zeigt eine detaillierte und konkrete Zuordnung von verbalen Urteilen in subjektive Wahrscheinlichkeiten. Sie geht auf Krelle (1968) zurück.
Aus Gründen der Transparenz kann die Eintrittwahrscheinlichkeit mit einer dreistufigen Skala bewertet werden. Der Ziffer „1" kann ein „niedrig", der „2" ein „mittel" und der „3" ein „hoch" zugeteilt werden. Es handelt sich um folgende Eintrittwahrscheinlichkeiten:

- für die „1" = 0 – 33 %
- für die „2" = 34 – 66 %
- für die „3" = 67 – 100 %

Das Ziel der Bestimmung der Eintrittswahrscheinlichkeit eines Risikos liegt darin, einzuschätzen, mit welcher Wahrscheinlichkeit das Risiko eine Zielverfehlung verursacht.

Im Rahmen dieser Arbeit wurde das Risiko in das Risikoobjekt und in Risikofaktoren aufgespalten.
Die Eintrittswahrscheinlichkeit des Risikos wird daher von der Eintrittswahrscheinlichkeit des Risikofaktors bestimmt. Das Risikoobjekt selbst kann nur den Wert 1 oder „0" annehmen. Das Risikoobjekt existiert oder es existiert nicht.
Stahl spricht im Zusammenhang mit den Wahrscheinlichkeiten der Risikofaktoren von den Ausprägungsformen des Risikofaktors. Er unterscheidet die Eintrittswahrscheinlichkeiten (Ausprägungsformen) der Risikofaktoren von deren Wirkung und Einflussnahme auf das Risikoobjekt.

Hierbei ist die Wirkungsremanenz von Bedeutung. Sie beschreibt das Phänomen nach dem die Wirkung eines Risikofaktors nicht nach deren Auftreten unmittelbar untergeht, sondern vielmehr über einen längeren Zeitraum auf das Risikoobjekt nachwirken kann. Weiterhin ist die Reagibilität (Empfindlichkeit) des Risikoobjektes auf den Risikofaktor von Bedeutung, d.h. nicht jeder Risikofaktor hat den gleich großen Einfluss auf ein Risikoobjekt.[168]

Marketingziel: geplanter Umsatz Risikoobjekt: Neuprodukt auf dem Schokoladenmarkt			
	Eintrittswahrscheinlichkeit		
	niedrig	mittel	hoch
Risikofaktor	**1**	**2**	**3**
„Absatz" „Müssen neue Absatzkanäle generiert werden?"			X
„Unternehmensprodukte" „Werden bestehende Produktlinien substituiert?"			X
„Qualitätsstandard" „Weichen Preis und Qualität stark vom Konkurrenzstandard ab?"		X	
„Produktion" „Wie steht es um die Standardisierung der Produktion?"			X
„Konkurrenzfähigkeit" „Heben wir uns von den Produkteigenschaften der Konkurrenz?"		X	
...	...		...
Durchschnitt		2,6	

Tab. 16: Bestimmung der Eintrittswahrscheinlichkeit eines Risikos

Quelle: der Verfasser, in Anlehnung an: Holste, A.: Marketing-Controlling der Kapitalkosten für Investitionsentscheidungen, in: Zerres, M. (Hrsg.): Handbuch Marketing-Controlling, 2. Aufl., Heidelberg 2000, S. 244

---

[168] vgl. Stahl, W.: a.a.O., S. 128-129

In der oben dargestellten Tabelle wird die Eintrittswahrscheinlichkeit des Neu-produktrisikos ermittelt. Hierbei ist das Risikoobjekt das Neuprodukt auf dem Schokoladenmarkt. Weiterhin sind diverse Risikofaktoren aufgeführt. Eine besondere Berücksichtigung der unterschiedlichen Wirkungseigenschaften der Risikofaktoren, sowie eine Beachtung der Beziehungen der Faktoren untereinander finden nicht statt.

Unter praktischen Aspekten ist es sinnvoll, die Eintrittswahrscheinlichkeit mit einer Fragestellung hinsichtlich des Risikofaktors zu ermitteln ("Mit welcher Wahrscheinlichkeit werden bestehende Produktlinien substituiert?"). Hierbei ist es hilfreich, dass die Fragestellung eine negative oder neutrale Formulierung aufweist, da es sich um einen Risikofaktor und nicht um einen Chancenfaktor handelt.

Die Entscheidungsträger gehen beispielsweise davon aus, dass mit hoher Wahrscheinlichkeit neue Absatzkanäle generiert werden müssen. In dieser unvoll-ständigen Identifikation der Risikofaktoren würde man eine "hohe" Eintritts-wahrscheinlichkeit des Neuproduktrisikos feststellen (Wert=2,6).

Die Bildung eines Durchschnitts setzt jedoch voraus, dass sich die Risikofakto-ren nicht gegenseitig beeinflussen (verstärken oder abschwächen), nicht mitein-ander korrelieren, sowie jeweils die gleiche Einflussstärke auf das Risikoobjekt ausüben. Stahl und Fasse weisen jedoch zu Recht darauf hin, dass diese Annah-men in der Praxis im Marketing nicht vorhanden sind.

Fasse schreibt jedoch, dass zur exakten Risikoanalyse und "zur Aufdeckung von Strukturen und Wirkungsbeziehungen sowie zu deren Ermittlung eine Reihe von statistischen Verfahren zur Verfügung stehen, welche jedoch erstens einen quan-titativen Dateninput erfordern und zweitens eine hinreichend große Zahl von beobachteten Fällen unter vergleichbaren Rahmenbedingungen voraussetzen. Drittens wird die Situation insbesondere im Rahmen strategischer Überlegungen dadurch erschwert, dass hier keine deterministischen Zusammenhänge, sondern probalistische Tatbestände vorliegen, (...)."[169]

Aus diesen Gründen ist die Durchschnittsbildung beizubehalten.

Weiterhin wird aufgrund notwendiger Transparenz und Übersichtlichkeit den Entscheidungsträgern in der Risikoanalyse empfohlen, maximal 10 Risikofakto-ren zu beurteilen und zu bewerten, welche aus Sicht der Entscheidungsträger:

---

[169] Fasse, F.W.: a.a.O., S. 213-214

1. am einflussreichsten, (das bedeutet nicht am wahrscheinlichsten) auf das Risikoobjekt einwirken,

2. deren Existenz für das Risikoobjekt zwingende Voraussetzung ist (beispielsweise ist ein Distributionskanal konstitutiv, um Produkte überhaupt zu verkaufen),

3. sowie eine sich gegenseitige, verstärkende und risikosteigernde Wirkung haben

Diese drei Fragestellungen helfen dabei, die Risikobewertung transparenter zu gestalten. Prinzipiell sollte im Rahmen von Einschränkungen (maximal 10 Risikofaktoren) darauf geachtet werden, dass die Zusammenstellung nicht von einer „Verfügbarkeitsheuristik" geprägt ist.

Darunter versteht man folgenden Zusammenhang: Entscheidungsträger bezeichnen jene Risikofaktoren als am einflussreichsten, an die sie sich am leichtesten erinnern oder die sie sich am einfachsten vorstellen können[170].

Die Risikobeurteilung sollte daher am Ende der Festlegung die Auflistung der Risikofaktoren dahingehend überprüfen, inwieweit eine erhöhte Erinnerbarkeit und Vorstellbarkeit der Entscheidungsträger eine Rolle gespielt hat.

---

[170] vgl. Ruff, F.: a.a.O., S. 60

5.4 Das Risikoprofil

Das Risikoprofil spiegelt im Rahmen dieser Arbeit die multiplikative Verknüpfung der Dimensionen der Zielabweichung und der Eintrittswahrscheinlichkeit wieder und stellt somit das Risikos dar.

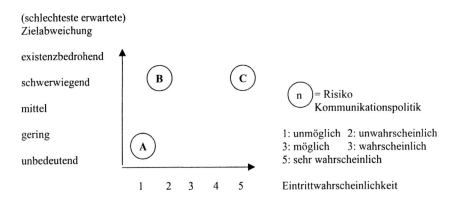

Abb. 14: Das Risikoprofil

Die Abbildung zeigt ein beispielhaftes Risikoprofil für das Ziel eines geplanten Produktimages und dem Risiko der Kommunikationspolitik. Es werden drei mögliche Beurteilungen des kommunikationspolitischen Risikos dargestellt:

- Fall A: Die Entscheidungsträger beurteilen die mögliche Zielabweichung des geplanten Produktimages durch die Kommunikationspolitik als nur sehr gering. Weiterhin wird diesem Risiko nur eine äußerst geringe Eintrittswahrscheinlichkeit zugesprochen. In diesem Fall ist die Risikohöhe zu vernachlässigen

- Fall B: Die Entscheidungsträger beurteilen das kommunikationspolitische Risiko in Bezug zum geplanten Produktimage als „existenzbedrohend". Das bedeutet, die Kommunikationspolitik kann im schlechtesten erwarteten Fall dafür sorgen, dass die Existenz des geplanten Produktimages gänzlich nicht erreicht wird. Mit der Kommunikationspolitik „steht" und „fällt" das Produktimage. Andererseits wird die Eintrittswahrscheinlichkeit dieses Risikos nur als „unwahrscheinlich" eingestuft, d.h. es wird mit nur geringer Wahrscheinlichkeit erwartet, dass diese Zielabweichung eintritt

- Fall C: Die Entscheidungsträger beurteilen die Zielabweichung als „existenzbedrohend" und gehen davon aus, dass diese schlechteste erwartete Zielabweichung mit hoher Wahrscheinlichkeit eintritt

Die Beurteilung der Risiken anhand des Risikoprofils sollte entsprechende Steuerungsmaßnahmen auslösen. Die Steuerungsmaßnahmen werden im folgenden
Kapitel vorgestellt.

6 Risikosteuerung im Marketing

Die Maßnahmen der Risikosteuerung lassen sich einerseits in ursachenbezogene Maßnahmen sowie in wirkungsbezogene Maßnahmen andererseits einteilen.

Die ursachenbezogenen Maßnahmen setzen präventiv bei den Risikofaktoren an. Das Ziel dieser Maßnahmen ist, die Eintrittswahrscheinlichkeit des Risikofaktors zu reduzieren und damit auch des Risikos, im Sinne von Risikoobjekt und Risikofaktor.[171] Man kann hier auch von Risiken in einem kausalen Sinne sprechen.

Wirkungsbezogene Steuerungsmaßnahmen zeichnen sich durch ihre gedankliche Vorwegnahme eines Schadens aus, die Bereitstellung der Steuerungsmechanismen erfolgt zu einem Zeitpunkt, in dem noch keine Schäden eingetreten sind, so genannte Risiken in einem finalen Sinne.

Wirkungsbezogene Maßnahmen kennzeichnet ein antizipativer Charakter, d.h. sie werden für einen Schadensfall bereitgehalten. Diese Maßnahmen kann man generell in „Verlustvorsorge" und „Verlustverkürzung" einteilen.[172]

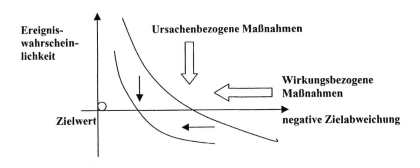

Abb. 15: Prinzip von ursachenbezogener und wirkungsbezogener Maßnahme

Quelle: Brühwiler, B. Risk Management – eine Aufgabe der Unternehmensführung, Stuttgart, 1980, S. 57

---

[171] vgl. Brühwiler, B.: Risk Management – eine Aufgabe der Unternehmensführung, Stuttgart 1980, S. 56
[172] vgl. Stahl, W.: a.a.O., S. 67-68

6.1 Maßnahmen zur Verbesserung des Informationsstandes

Eine erfolgreiche Risikosteuerung setzt Kenntnisse über die Risikofaktoren und die Wirkungen von Risiken voraus. Man geht davon aus, dass ein besserer Informationsstand eine erfolgreichere Risikosteuerung verspricht.[173] Ursprünglich wurden Maßnahmen zur Verbesserung des Informationsstandes lediglich als ursachenbezogene Maßnahmen angesehen[174]. Stahl verweist jedoch darauf, dass diese Maßnahmen eher zur vorbereiteten Risikosteuerung gehören, nicht als Maßnahme der Risikosteuerung selbst.

Ein verbesserter Informationsstand ist eine Voraussetzung für ursachenbezogene Maßnahmen, weniger nur ein Teil davon. Weiterhin sorgt ein verbesserter Informationsstand auch für aussichtsreichere wirkungsbezogene Maßnahmen.

Die erfolgreichere Risikosteuerung mit einem verbesserten Informationsstand wird folgendermaßen begründet:[175]

Es wird unterstellt, dass das Gesamtrisiko einer Unternehmung u.a. aus einem Schätzrisiko besteht. Diese Annahme wird durch die Existenz von subjektiven Wahrscheinlichkeiten unterstützt. Subjektive Wahrscheinlichkeiten hängen von den Erfahrungen und dem Informationsstand der Entscheidungsträger ab. Eine Verbesserung des Informationsstandes führt dann zu einer Verminderung des Schätzrisikos und damit des Gesamtrisikos.

Maßnahmen zur Verbesserung des Informationsstandes können sein:

- Marktforschung
- Implementierung eines Wissensmanagements
- Befragungen von Mitarbeitern, Lieferanten und Kunden
- Generelle Analysetechniken (z.B. SWOT-Analyse, Produktlebenszyklus, Portfoliotechnik)

Die Erhöhung des Informationsgrades kann einerseits als eine Maßnahme der Risikosteuerung angesehen werden, andererseits ist der Zusammenhang zu den Bausteinen Risikoidentifikation und -analyse offensichtlich. Eine umfangreiche Informationssammlung in der Identifikation und Analyse ist wesentlich für die Maßnahmen der Steuerung. Die Verbesserung des Informationsgrades ist gleichzeitig Voraussetzung, sowie ein eigenständiger Bestandteil der Steuerungsmaßnahmen.

---

[173] vgl. Stahl, W.: a.a.O., S. 65
[174] vgl. Phillip, F.: a.a.O., S. 72
[175] vgl. Stahl, W.: a.a.O., S. 65

Im Rahmen der Verbesserung des Informationsstandes ist es für Unternehmen, die im Wettbewerb stehen notwendig, in folgenden Bereichen den Informationsfluss zu verbessern. Die Verbesserung des Informationsstandes kann nur dann als wirksame Risikobewältigungsstrategie angesehen werden, wenn die Objekte der Informationsgewinnung dazu dienen, das Risiko hinsichtlich Eintrittswahrscheinlichkeit und potentieller Zielabweichung zu senken. Folgende Ansatzpunkte bei Unternehmen im Wettbewerb sollen hierbei fortlaufend untersucht werden:

- Eintrittbarrieren
- Verhandlungsstärke der Lieferanten
- Bedrohung durch neue Anbieter
- Branchenwachstum

- Austrittsbarrieren
- Verhandlungsstärke der Abnehmer
- Substitutionsgefahr durch Ersatzprodukte
- Kapazitätsauslastung

6.2 Ursachenbezogene und wirkungsbezogene Maßnahmen im Marketing

Die Risikosteuerungsmaßnahmen (kausaler und finaler Natur) werden in diesem Abschnitt zusammen behandelt, da die folgend aufgeführten Maßnahmen zum Teil sowohl an den Risikoursachen, als auch an den Wirkungen ansetzen.

6.2.1 Risikovermeidung im Marketing

Die Risikovermeidung im Marketing stellt einen Extremfall in der ursachenbezogenen Risikosteuerung dar. Sie beinhaltet das vollständige Unterlassen risikobehafteter Aktivitäten.[176] Die Leitidee der Sicherheit (vgl. Kapitel 2) hat oberste Priorität[177]. Die Risikovermeidung bedeutet daher „den bewussten Verzicht auf bestimmte Chancen in Form von Gewinnen, Umsätzen und Wachstum."[178]

Die Risikovermeidung hat die Folge, dass die Eintrittwahrscheinlichkeit eines Risikos auf null herabgesetzt wird. Im Zusammenhang mit Risikoobjekt und Marketingziel bedeutet dies, dass keine Beziehung zwischen einem Ziel und einem Risikoobjekt aufgebaut wird. Ein Risikoobjekt entsteht bei dieser Steuerungsmaßnahme nicht und damit auch kein Risiko. Beispielsweise unterlässt ein Unternehmen eine neue Produkteinführung und vermeidet daher das Markteintrittsrisiko.

---

[176] vgl. Fasse, F.-W.: a.a.O., S. 87
[177] vgl. Haller, M. (1986): a.a.O., S. 31
[178] Fasse, F.-W.: a.a.O., S. 87

Diese radikale Maßnahme empfiehlt sich vor allem in Situationen, welche die Existenz von Unternehmen in hohem Maße gefährden würden und andere Absicherungsmaßnahmen des Risikos nicht oder nur zu einem kleinen Teil möglich ist. Fasse nennt drei prinzipielle Möglichkeiten einer Risikovermeidung im Marketing:[179]

1. Genereller Verzicht auf die Marktbearbeitung: Ein Unternehmen verzichtet vollständig auf die Bearbeitung eines Marktes, beispielsweise hinsichtlich von Produkten, Produktbereichen oder Zielgruppen
2. Anfängliche Zurückhaltung der Marktbearbeitung: Ein Unternehmen wartet mit dem eigenen Engagement noch ab und beobachtet den potentiellen Markt. Es werden weiterhin Informationen über die Branche und Konkurrenten gesammelt.
3. Sofortiger oder sukzessiver Rückzug aus einer Marktbearbeitung: Ein Unternehmen zieht seine bisherige Marktbearbeitung vom Markt zurück. Der Rückzug kann beispielsweise gesamte Produktbereiche oder nur einzelnen Produktelemente betreffen.

Unternehmen, die eine Risikovermeidung durchführen, sollten sich jedoch der Nachteile bewusst sein. Einerseits verzichtet man auf potentielle Gewinnquellen, andererseits können sich im Wettbewerb Nachteile ergeben, da Konkurrenten die Risiken eingehen und bewältigen.

6.2.2 Risikoverminderung im Marketing

Die Risikoverminderung nimmt einen wichtigen Stellenwert unter den Maßnahmen der Risikosteuerung ein, sie ist gegenüber der Risikovermeidung flexibler. Die Risikoverminderung setzt Unternehmensaktivitäten voraus, d.h. man geht Risiken bewusst ein. Die Risikoverminderung zeichnet sich durch die Reduktion der Eintrittswahrscheinlichkeiten von Risiken aus. Die Risikoverminderung setzt daher eine konkrete Identifikation und konkrete Umschreibung der wesentlichen Risikofaktoren voraus. Das Ziel der Risikoverminderung im Marketing ist es, Maßnahmen zu entwickeln, welche die Eintrittswahrscheinlichkeit der Risikofaktoren reduzieren. Weiterhin muss die Risikoverminderung versuchen, die Auswirkung des Risikos, d.h. die Zielabweichung herabzusetzen.[180]

Die Herabsetzung der Eintrittswahrscheinlichkeit kann beispielsweise durch eine Differenzierungsstrategie erzielt werden, eine Möglichkeit die Auswirkungen zu reduzieren besteht in einer Flexibilitätssteigerung.

---

[179] vgl. Fasse F.-W.: a.a.O., S. 307-308
[180] vgl. Haller, M. (1986): a.a.O., S. 48, vgl. Fasse, F.-W.: a.a.O., S. 88

Die Entscheidungsträger müssen individuell für identifizierte Risiken Maßnahmen zur Verminderung einsetzen und entwickeln.

6.2.3 Risikostreuung im Marketing

Die Risikostreuung wird in der Literatur auch als Risikozerlegung oder Risikoverteilung bezeichnet. Das charakteristische Merkmal dieser Steuerungsmaßnahme ist, dass die risikobehaftete Aktivität in mehrere Teilaktivitäten aufgespaltet wird.[181] Im Sinne der Portfolio-Selection-Theorie von Markowitz lassen sich durch eine breite Streuung von Aktivitäten Risikominderungen erzielen[182]. Jedoch unter der Prämisse, dass die verschiedenen Risikoelemente nicht vollständig miteinander korrelieren[183].

Prinzipiell kann die Risikosteuerung im Marketing vier verschiedene Handlungsalternativen anbieten:[184]

- Lokale Aspekte: Meint eine Verteilung auf mehrere Wirkungsstätten. Ein internationales Unternehmen würde beispielsweise auf verschiedenen Ländermärkten eine Marktbearbeitung durchführen
- Temporale Aspekte: Meint die zeitliche Verlagerung von betrieblichen Aktivitäten, beispielsweise die temporale Einführung einer Produktlinie, d.h. einzelne Produkte werden erst nach und nach dem Konsumenten angeboten
- Personelle Aspekte: Streuung innerhalb des Beschaffungsmarktes (viele Lieferanten) und des Absatzmarktes (viele Händler, Konsumenten)
- Sachliche Aspekte: Eine Unternehmung wird auf anderen, als den ursprünglichen Gebieten tätig. Ein Unternehmen bearbeitet neue Märkte, Produkte, diese Art der Risikostreuung wird als „Diversifikation" bezeichnet.

6.2.4 Risikoübertragung im Marketing

Die Risikoübertragung (Risikoüberwälzung, Risikoabwälzung) ist ein Bestandteil der wirkungsbezogenen Maßnahmen. Sie verfolgt generell den Zweck, die Auswirkungen des Risikos auf andere Wirtschaftsubjekte zu übertragen. Die Übertragung kann finanziell durchgeführt werden. Die finanzielle Risikoübertragung erfolgt meist durch Versicherungsverträge oder ähnliche Vereinbarungen.[185]

---

[181] vgl. Fasse, F.-W.: a.a.O., S. 88
[182] vgl. Maier, K.: a.a.O., S. 22
[183] vgl. Perridon, L.; Steiner, M.: Finanzwirtschaft der Unternehmung, S. 252
[184] vgl. Fasse, F.-W.: a.a.O., S. 89
[185] vgl. Wolf, K.; Runzheimer, B.: a.a.O., S. 74

Die Risikoübertragung im Marketing kann daher nur erfolgen, wenn Vertragspartner zur Verfügung stehen, welche die Risiken auf sich nehmen.

Generell kann man daher sagen, dass psychographische Ziele und ihre Risikoobjekte nicht mit dieser Maßnahme bewältigt werden können. Es gibt derzeit keine Versicherungen, die ein Imagerisiko oder Kundenzufriedenheitsrisiko übernehmen.

Versicherungs- und vertragstechnische Maßnahmen können zum Teil im Zusammenhang mit den ökonomischen Zielen durchgeführt werden.

Beispiel 1:
Ein international tätiges Unternehmen setzt weltweit Produkte ab. Das Unternehmen A würde das Wechselkursrisiko auf seine Vertragspartner B im Ausland übertragen, wenn in der inländischen Währung des Unternehmens A fakturiert wird. Das in Euro festgelegte Umsatzziel kann von der Wechselkursentwicklung nicht mehr beeinflusst werden.

Beispiel 2:
Das Absatzziel des Produktes A (Risikoobjekt) wird unabhängig von den Risikofaktoren erreicht, wenn mit dem Abnehmer eine bestimmte Absatzmenge vereinbart wurde. Hierbei muss berücksichtigt werden, dass ein Bonitätsrisiko entsteht, welches das Absatzziel wiederum gefährdet.

6.2.5 Risikoselbsttragung im Marketing

Die Risikoselbsttragung wird in der Literatur auch als Risikoübernahme bezeichnet. Sie ist gekennzeichnet durch die bewusste Übernahme oder das gezielte Eingehen von Risiken. Gründe für die Risikoübernahme kann die psychologische oder wirtschaftliche Fähigkeit sein, das Risiko tragen zu können oder tragen zu wollen (Spekulation).[186] Die Unternehmen verzichten auf den aktiven Einfluss in den Risikoentstehungs- und Wirkungsprozess[187].
In der Praxis ist es sinnvoll, die Risikoübernahme mit Limiten zu koppeln, d.h. es müssen bei Überschreitung von Grenzwerten andere Steuerungsmechanismen ausgelöst werden.

---

[186] vgl. Maier, K.: a.a.O., S. 20
[187] vgl. Imboden, C.: a.a.O., S. 115 Fn. 2

6.2.6. Maßnahmenportfolio

Die o.g. Steuerungsmaßnahmen im Marketing können anhand eines Maßnahmenportfolios dargestellt werden. Es dient dazu, im Rahmen der Steuerungsmaßnahmen praktische Handlungsanweisungen zu liefern.

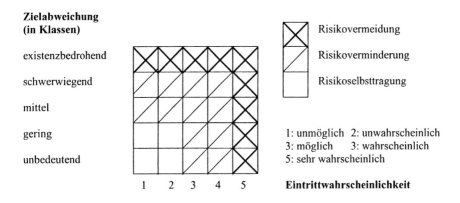

Abb. 16: Das Maßnahmeprofil

Quelle: Wolf, K.; Runzheimer, B.: Risikomanagement und KonTraG, 2. Aufl., Wiesbaden 2000, S. 107

Für Risiken im unteren Quadranten empfiehlt es sich, das Risiko selbst zu tragen. Mit zunehmender Eintrittswahrscheinlichkeit und Zielabweichung ist es sinnvoll, andere Maßnahmen, z.B. Risikoverminderung und Risikoübertragung zu ergreifen. Die obersten Quadranten sollten generell eine Risikovermeidung bzw. eine versicherungstechnische Risikoüberwälzung auslösen.[188]

Das Maßnahmenportfolio kann für einzelne Produkte oder auch für gesamte Produktbereiche erstellt werden. Die Steuerungsmaßnahmen hängen im Wesentlichen von der Risikowahrnehmung ab. Ein Risikofaktor kann auf unterschiedlichen Ebenen wahrgenommen werden: den Konkurrent A, das Produkt A und die Technologie des Produktes A.

---

[188] vgl. Wolf, K.; Runzheimer, B.: a.a.O., S. 106

Beispiel:
Würde man im Maßnahmenportfolio für ein eigenes Produkt die Steuerungsmaßnahme „Risikovermeidung" ermitteln, beeinflusst die Risikowahrnehmung
die konkrete Steuerungsmaßnahme dahingehend, dass die unterschiedliche Detailtreue der Risikowahrnehmung von:

- Konkurrent A, die Maßnahme auslöst, den Markt, in welchem sich der
  Konkurrent A befindet, zu meiden
- Produkt A, die Maßnahme auslöst, das eigene Produkt nicht einzuführen
  bzw. zurückzunehmen. Den Markt jedoch mit anderen (oder neuen) Produkten zu bearbeiten
- Technologie des Produktes A, die Maßnahme auslöst, die eigene Technologie unseres Produktes vollkommen auszutauschen, jedoch weiterhin
  versuchen, auf dem Markt gegenüber dem Konkurrenten mit einem eigenen Produkt anzutreten.

Je spezifischer Risikofaktoren identifiziert werden, desto spezifischer können
Steuerungsmaßnahmen ausgelöst werden.

6.3 Ausgewählte Maßnahmen der Risikosteuerung

6.3.1 Strategien im Marketing

In der Literatur wird eine Vielzahl von Strategiemöglichkeiten diskutiert und erörtert und können im Rahmen dieser Arbeit keineswegs vollständig aufgeführt werden.[189] Die folgenden Abschnitte sollen daher drei Strategien skizzieren und in den Kontext der Risikosteuerung eingebetet werden.

Generell kann man im Rahmen der Strategiewahl und des Risikomanagements im Marketing feststellen, dass die Änderung einer Strategie nur dann durchgeführt werden soll, wenn im Rahmen der Risikoanalyse das Risikopotential der neuen Strategie kleiner ist, als das Risiko der bisherigen Strategie.

- Strategieänderung, wenn
  Risiko neuer Strategie < Risiko bisheriger Strategie

6.3.1.1 Differenzierungsstrategie

Die Differenzierung hat das Ziel, dass sich ein Unternehmen in Etwas von einem Konkurrenten abhebt, was dem Abnehmer wertvoll erscheint. Ein Unternehmen unterscheidet sich dann von den Konkurrenten, wenn die Differenzierung gegenüber den Konkurrenten einmalig ist. Die Differenzierung soll daher den Wechsel der Kunden zu anderen Marken und Konkurrenten verhindern. Ein Unternehmen kann sich von der Konkurrenz durch Produkt- und Dienstleistungsattribute abschirmen, sowie beispielsweise auch durch die Intensität der Kommunikationspolitik oder die Art der Fertigungstechnologie.[190] Die Differenzierung kann u.a. in einer Führungsstellung in Bezug auf Service, Qualität und Produktstyling angestrebt werden, wobei es kaum möglich ist in allen Gebieten die führende Position zu erreichen[191]. Fischer führt eine Vielzahl von Dimensionen auf, in denen sich ein Unternehmen differenzieren und damit eine Führungsposition gegenüber Konkurrenten aufbauen kann:[192]

- Branchen und Konkurrenten
- Partnerschaften und Kooperationen
- Marketinginstrumente und interne Organisation
- Kundensegmentierung und regionale Marktsegmentierung

---

[189] vgl. hierzu ausführlich Meffert, H.: Strategische Unternehmensführung und Marketing, Wiesbaden 1988
[190] vgl. Porter, M.E.: Wettbewerbsvorteile. Spitzenleistungen erreichen und behaupten, 5. Aufl., Frankfurt 1999, S. 168, S. 174
[191] vgl. Kotler, P.; Bliemel, F.: Marketing-Management, 8. Aufl., Stuttgart 1995, S. 120
[192] vgl. Fischer, J.: a.a.O., S. 182

Die Differenzierung lässt sich anhand des Differenzierungsgrades operationalisieren. Unter dem Differenzierungsgrad versteht man den Quotienten aus den „Veränderungen des Marktanteils unserer Unternehmung" geteilt durch die „Preisänderung des stärksten Konkurrenten". Ein abnehmender Quotient bedeutet daher einen steigenden Differenzierungsgrad des Produktes oder der Dienstleistung.[193]

Beispiel:
Die Differenzierung kann als eine ursachenbezogene Steuerungsmaßnahme verstanden werden. Ursachenbezogene Steuerungsmaßnahmen sind faktorbezogene Maßnahmen und reduzieren die Eintrittswahrscheinlichkeit.

- Risikofaktor: Substituierbarkeit,
  d.h. das eigene Produkt befindet sich mit vergleichbaren Produkten der Konkurrenz im Markt
- Risikoanalyse: Subjektive Einschätzung, dass das eigene Produkte von vergleichbaren Produkten von den Konsumenten substituiert wird ist „hoch"
- Risikosteuerung durch Differenzierung:
  Bei steigendem Differenzierungsgrad nimmt die Substituierbarkeit der Produkte ab und führt zu einer sinkenden Preiselastizität. Die Eintrittswahrscheinlichkeit der Substitution sinkt und damit das Risiko

6.3.1.2 Diversifikationsstrategie

Die „Diversifikation ist eine Strategie der gezielten Erweiterung des Marktprogramms einer Einzelwirtschaft um neuartige bisher nicht angebotene Versorgungsobjekte und/oder neue bisher nicht bearbeitete Zielgruppen."[194] Aus dieser Definition geht hervor, dass es sich bei der Diversifikation um eine Wachstumsstrategie handelt, es geht um neue Leistungen und/oder neue Zielgruppen. Die Diversifikation kann mit der Idee der Portfoliotheorie begründet werden. Durch Diversifikation (von Wertpapieren) wird das Gesamtrisiko eines Wertpapierportfolios reduziert[195]. Das Wertpapierportfolio kann mit einem Produktportfolio gleichgesetzt werden, d.h. durch Diversifikation kann das bestehende Gesamtproduktrisiko reduziert werden (unter der Voraussetzung, dass die Risikofaktoren der unterschiedlichen Leistungen/Zielgruppen nicht den Korrelationskoeffizienten „+1" aufweisen).

---

[193] vgl. Hinterhuber, H.: a.a.O., S. 146
[194] Graßy, O.: Diversifikation, in: Meyer, P.; Mattmüller, R. (Hrsg.): Strategische Marketingoptionen, Stuttgart 1993, S. 34
[195] vgl. Steiner, M.; Bruhns, C.: Wertpapiermanagement, 7. Aufl., Stuttgart 2000, S. 6

Anhand einer Risikoidentifikation wird man feststellen, dass die Diversifikationsstrategie selbst auch als Risikoobjekt behandelt werden kann, auf welches diverse Risikofaktoren einwirken können.

Beispiel:
- Risikoobjekt: Diversifikationsstrategie
- Risikofaktor: Stimmigkeit des Image des Unternehmens zu den diversifizierten Produkten

Allgemein lässt sich aus einer Diversifikationsstrategie schließen, dass bereits stärker diversifizierte Unternehmen weniger labil auf negative Entwicklungen des Marktes reagieren, als weniger diversifizierte Unternehmen.
Ein Unternehmen, das den Markt nur mit einem Produkt bearbeitet, wird sich von der Entwicklung dieses Marktes vollkommen abhängig machen. Dieses Risiko könnte jedoch von Produkten in anderen Märkten aufgefangen werden, sofern auf die sinkende Nachfrage des einen Marktes eine Nachfragesteigerung des andern Marktes treffen würde. Eine Reduktion des Risikos kann daher erfolgen, wenn sich das Unternehmen schon frühzeitig diversifiziert.
Man muss abwägen zwischen der möglichen Risikosteigerung einerseits, die ein Untenehmen durch den Eintritt in neue Geschäftsfelder auf sich nimmt und der risikoreduzierenden Wirung einer breiten Streuung der unternehmerischen Aktivitäten andererseits.
Es gibt unterschiedliche Arten der Diversifikation. Unterscheidet man die Diversifikationsrichtung, spricht man von:[196]

- Horizontaler Diversifikation: Erweiterung der Leistungen oder Zielgruppen, dabei bleibt man jedoch auf der gleichen Wirtschaftsstufe. Das bedeutet beispielsweise, dass das neue Produkt über die gleichen Absatzwege vertrieben wird. Bei der Einführung der DVD-Player kann man von einer horizontalen Diversifikation gegenüber den CD-Playern sprechen. Es handelt sich um ein neues Produkt, dass über die bestehenden Absatzmärkte (z.B. Elektrofachhandel) verkauft wird.
- Vertikale Diversifikation: Sie zeichnet sich durch die Erweiterung der Aktivitäten in vor- oder nachgelagerte Märkte aus. Sie lässt sich durch die Entscheidungspraxis des Bundeskartellamtes dahingehend näher eingrenzen, dass die neu hinzugekommen Aktivitäten einer vor- oder nachgelagerten Wertschöpfungsstufe durch neue wirtschaftlich und rechtlich selbstständige Unternehmen erbracht werden können. Bei der vorgelagerten Diversifikation tritt man mit den bisherigen Lieferanten in Konkurrenz, durch die nachgelagerte Diversifikation mit den bisherigen Abnehmern.

---

[196] vgl. Graßy, O.: a.a.O., S. 36 ff.

- Laterale Diversifikation: Die neuen Aktivitäten stehen in keinen sachlichen Zusammenhang mit den bestehenden Leistungsprogramm/Zielmärkte des Unternehmens. Sie zeichnet sich durch die Andersartigkeit der Wirtschaftsstufe aus. Beispielsweise der Mischkonzern Daimler-Benz zu Beginn der 90er-Jahre nach der Vision Edzart Reuters. (An Daimler-Benz sah man, dass eine Diversifikationsstrategie nicht immer von Erfolg gekrönt sein muss).

6.3.1.3 Reduktionsstrategie

Der Begriff der Reduktion lässt sich auf das lateinische „reducere" zurückführen und bedeutet „zurückbringen" und „zurückführen"[197]. In der Literatur wird diese Strategie auch als Rückzugsstrategie bezeichnet. Die Reduktionsstrategie ist innerhalb der Steuerungsmaßnahmen eine Form der Risikovermeidung. In der Regel bedeutet eine Reduktionsstrategie, dass ein Tätigkeitsbereich des Unternehmens aufgelöst oder grundlegend neu definiert wird.[198]

Eine der zentralen Determinanten dieser Strategie sind die Marktaustrittsbarrieren. Darunter versteht man Faktoren, die den Marktaustritt erschweren. Im Zusammenhang mit dem Risikomanagement ist bei dieser Strategie darauf zu achten, dass durch die Reduktion eines Produktes, das Produktrisiko eliminiert wird, jedoch durch die Faktoren der Marktsaustrittsbarrieren neue Risiken entstehen können. Daher muss sich ein Unternehmen beispielsweise mit folgenden „neuen" (potentiellen) Risikofaktoren auseinander setzen, bevor die Reduktionsstrategie durchgeführt wird:[199]

- Die Art des gebundenen Produktionsvermögens und deren Liquidationswert
- Negativer Einfluss auf das Image der Unternehmung oder bestehender Dachmarken
- Vertrauensschwund bei Lieferanten, Handel, Konsumenten und Banken
- Es bestehen zu anderen Produktbereichen komplementäre Beziehungen

Generell sollte in Unternehmen dann die Reduktionsstrategie erfolgen, wenn die Risiken des Marktaustritts kleiner sind, als die Risiken der bisherigen Marktbearbeitung. D.h., bevor eine Reduktionsstrategie durchgeführt wird, muss eine Risikoidentifikation und eine Risikoanalyse der Reduktionsstrategie durchgeführt werden.

---

[197] vgl. Trautmann, M.: Reduktion, in: Meyer, P.; Mattmüller, R. (Hrsg.): Strategische Marketingoptionen, Stuttgart 1993, S. 142
[198] vgl. Meffert, H. (1988): a.a.O., S. 91
[199] vgl. ebenda, S. 92

Trotz der geringen Bedeutung in der betriebswirtschaftlichen Literatur, ist die Reduktion in Zeiten ständig verkürzter Lebenszyklen und erhöhten Budgetausgaben in Forschung und Entwicklung von hoher Relevanz für den nachhaltigen Erfolg einer Unternehmung und steht den Wachstumsstrategien (z.B. Diversifikationsstrategien) in keiner Weise nach.[200]

Fallbeispiel FCKW bei Hoechst:[201]

Als 1929 die Fluorchlorkohlenwasserstoffe (FCKW) entdeckt wurden, konnte noch niemand ahnen, dass sie eine große industrielle Verwendung finden würden. Sie konnten in vielen Bereichen eingesetzt werden, beispielsweise als Treibmittel in Spraydosen oder als Kühlmittel in Kühl- und Gefrierschränken. Im Jahr 1989 wurden über 1,1 Millionen Tonnen weltweit hergestellt und verwendet. Klimatologen und Atmosphärenchemiker machten jedoch auf die Schattenseiten der FCKW aufmerksam. Die FCKW verursachen die Zerstörung der Ozonschicht in der Stratosphäre und tragen zum Treibhauseffekt bei.

Steigendes Umweltbewusstsein der Konsumenten, sowie die ökologischen Auswirkungen veranlassten viele Unternehmen, sich mit der FCKW-Problematik auseinander zusetzen. Hoechst kam hierbei zu dem Schluss, sich vom FCKW-Markt zu trennen, sie proklamierten im Jahr 1989 werbewirksam: „Die Emission von vollhalogenierten FCKW muss so schnell wie möglich gestoppt werden." Sie stellten die Produktion bis Ende des Jahres 1995 ein.

Aus risikoorientiertem Blickwinkel kann man den Ausstieg dahingehend deuten, dass Hoechst die Risiken der Reduktionsstrategie geringer einschätzte, als die Risiken des Geschäftsbereiches der Produkte mit FCKW.

Beispielsweise wurden die Imagerisiken, aufgrund der negativen Assoziation „FCKW" im Zusammenhang mit dem Unternehmen Hoechst höher angesetzt, als die Risiken, die durch die Marktaustritt entstehen.

Wie oben beschrieben, sollte dann eine Strategieänderung erfolgen, wenn die Risiken der „neuen" Strategie kleiner sind als die Risiken bei Fortführung der „alten" Strategie.

---

[200] vgl. Trautmann, M.: a.a.O., S. 173
[201] vgl. Staab, R.: Der Ausstieg aus den FCKW – eine Herausforderung für den Umstieg auf umweltverträglichere Alternativen, in: Meyer, P.; Mattmüller, R. (Hrsg.): Strategische Marketingoptionen, Stuttgart 1993, S. 179 ff.

6.3.2 Flexibilitätssteigerung

Eine Möglichkeit zur Verringerung von Risiken im Marketing ist die Steigerung der Flexibilität. Für ein Unternehmen und seine risikobehafteten Aktivitäten ist es erforderlich, unter Berücksichtigung verkürzter Reaktionszeiten (kürzere Produktlebenszyklen, zunehmende Innovationsgeschwindigkeit) die Flexibilität zu erhöhen.[202] Die Flexibilität ist die Fähigkeit einer Unternehmung, sich schnell, reibungslos und verlustarm an veränderte Konstellationen im internen und externen Unternehmensumfeld anzupassen[203].

Meffert weist explizit darauf hin, dass die Zielsetzung der Flexibilitätssteigerung in Bezug auf die Sicherung des Unternehmensbestandes und der Unternehmensziele, als eine Risikovorsorge zu verstehen ist.
Daneben sind unerwartet auftretende Marktchancen nur dann nutzbar, wenn ein Unternehmen Handlungsspielräume i.S.v. Flexibilität bereithält. Die Steigerung der Flexibilität ist jedoch keine Strategie, sondern vielmehr eine notwendige Eigenschaftsdimension von Strategien im Marketing.[204]
Jedoch hat die Flexibilitätserhöhung den Nachteil, dass sie zu Lasten der Wirtschaftlichkeit geht, das Unternehmen „erleidet einen Gewinnentgang, weil es auf alternative Situationen und nicht nur auf die momentan vorhandene vorbereitet ist, und dies durch zusätzliche Ressourcen erkauft werden muss".[205]
Trotz dieses Nachteils ist es für ein Unternehmen unabdingbar, Flexibilität im Rahmen der Risikosteuerung im Marketing in einem Unternehmen zu generieren. Sie sorgt für eine erhöhte Anpassungsfähigkeit und für eine erhöhte Reaktionsbereitschaft in der Marktbearbeitung und ist daher eine Maßnahme zur Reduzierung des Risikos.[206]

Meffert teilt die Flexibilität in zwei Dimensionen ein, einerseits in die Built-in-Flexibilität und die Handlungsflexibilität. Erstere zielt darauf ab, den negativen Einfluss von Umweltentwicklungen auf die Unternehmensziele gering zu halten, d.h. man versucht beispielsweise die Unternehmensaktivitäten auf unterschiedliche Märkte zu streuen (Risikodiversifikation) bzw. negative Einflüsse auf den Vertragspartner abzuwälzen (Risikoübertragung).

---

[202] vgl. Fasse, F.-W.: a.a.O., S. 315

[203] vgl. Richert, E.: Das strategische Marketingpotential einer Unternehmung, Diss., Frankfurt 1992, S. 228

[204] vgl. Meffert, H. (1994): a.a.O., S. 453

[205] Horvath, P., Mayer, R.: Produktionswirtschaftliche Flexibilität, in: WiSt, 15. Jg., 2/1986, S. 69-76, zitiert in: Richert, E.: a.a.O., S. 235

[206] vgl. Richert, E.: a.a.O., S. 228

In der Literatur wird der handlungsbezogene Flexibilitätsbegriff auch als subjektbezogene Flexibilität oder planungsbezogene Flexibilität bezeichnet.[207] Die Handlungsflexibilität zielt allgemein darauf ab, die Reaktionsbereitschaft einer Unternehmung zu erhöhen. Es kann sich hierbei um eine Erhöhung des Handlungsspielraumes, der Handlungsschnelligkeit und der Handlungsbereitschaft handeln. Das Spektrum der Maßnahmen ist sehr vielfältig, sie kann an verschiedenen Personen oder Funktionsbereichen ansetzen, sowie an der Aufbau- oder Ablauforganisation.[208]

Die Steigerung der Handlungsflexibilität in einem Unternehmen muss jedoch die Flexibilitätsbeziehungen im Unternehmen selbst berücksichtigen. Die Handlungsflexibilität kann in verschiedenen Unternehmensebenen gleichzeitig erhöht bzw. vermindert werden, jedoch können die Handlungsflexibilitäten unterschiedlicher Bereiche zueinander auch in einer Substitutionsbeziehung stehen. Man unterscheidet daher zwischen einer gleichläufigen und einer gegenläufigen Beziehung der Handlungsflexibilität:[209]

- Gleichläufige Flexibilitätsbeziehungen sind beispielsweise vorhanden, wenn die Flexibilität der Unternehmens- und der Geschäftsbereichsleitung durch die Erhöhung des Informationsniveaus gesteigert wird (z.B. Aufbau eines Frühwarnsystems, Intranet,...)
- Gegenläufige Flexibilitätsbeziehungen kommen beispielsweise zu Stande, wenn die Unternehmensleitung ihre Flexibilität durch Erhöhung des Koordinationsgrades steigern möchte. Hierzu hat sie die Möglichkeiten, die Budgetperiode zu verkürzen, ein zentrales Finanzmanagement mit Allokation der finanziellen Mittel einzuführen oder die strategische Marketingplanung zu zentralisieren. Diese Maßnahmen führen zu einer Verringerung der Flexibilität der Geschäftsbereiche. Der Handlungsspielraum der Geschäftsbereiche wird eingegrenzt, der Spielraum der Unternehmensleitung wird erweitert

Generell sind Steuerungsmaßnahmen des Marketing-Mix für die Risikosteuerung von Interesse. Die folgende Abbildung zeigt Gestaltungsmöglichkeiten, flexibilitätssteigernde Maßnahmen anhand der Marketinginstrumente durchzuführen.

---

[207] vgl. Koch, H.: Unternehmenspolitik und Flexibilität, in: Bruhn, M.; Steffenhagen, H.: Marktorientierte Unternehmensführung. Reflexionen – Denkanstöße –Perspektiven, Wiesbaden 1997, S. 474
[208] vgl. Meffert, H. (1988), S. 363-364
[209] vgl. Koch, H.: a.a.O., S. 476, 480

Flexibilitätsart/ Marketing-Mix	Built-in-Flexibilität (Risikoausgleich)	Handlungsflexibilität (Varietät des Instrumentes)
Produktpolitik	Diversifiziertes Produktprogramm, ausgeglichene Abnehmerstruktur	Innovationspotential Programmbausteine, Kundendienstflexibilität
Preispolitik	Vertragliche Risikoversicherung (Preisgleitklauseln)	Preisflexibilität (Preis bzw. Konditionenspielräume)
Distributionspolitik	Differenzierte Absatzkanalstruktur, Präsenz in vielen Märkten	Lieferflexibilität
Kommunikationspolitik	Universelle Werbebotschaft, breite Streuung der Medien	Werbeflexibilität (Kreativitätspotential)

Tab. 17: Flexibilitätssteigernde Maßnahmen in den Marketinginstrumenten
Quelle: Meffert, H. (1988): a.a.O., S. 369

7 Risikokontrolle im Marketing

Die Risikokontrolle ist zwar der „letzte" Baustein im Risikomanagementprozess, jedoch wird der Risikomanagementprozess hiermit nicht abgeschlossen. Er ist vielmehr als ein Regelkreis zu verstehen, d.h. es handelt sich um eine fortlaufende Kontrolle des Risikomanagementprozesses.
Prinzipiell bestehen die Aufgaben der Risikokontrolle darin, „die risikopolitischen Instrumente im Hinblick auf den Zielereichungsgrad, ihrer Wirtschaftlichkeit und Wirksamkeit ständig zu überwachen und zu dokumentieren."[210]

In der Literatur wird auch von dem Risiko-Controlling gesprochen, dieses hat die Aufgabe, in einem fortlaufenden Prozess die Risikoidentifikation, Risikoanalyse und die Risikosteuerung zusammenfassend zu betrachten und zu überwachen. Ziel des Risiko-Controlling ist es, die gesamten Risikopositionen in einem Unternehmen systematisch und regelmäßig zu erfassen, d.h. auch die Risiken verschiedener Unternehmenseinheiten werden in ihren Interdependenzen ermittelt und dargestellt.[211]
Das Risiko-Controlling versucht Bereiche wie Marketing, Finanzierung und Produktion in einem unternehmensweiten Risikomanagementprozess abzubilden und ist umfassender, als der alleinige Risikomanagementprozess im Marketing.

7.1 Das Ziel-Risikoprofil

Im Rahmen dieser Arbeit wird daher unter der Risikokontrolle im Marketing nur die Kontrolle der folgenden Bestandteile des Risikomanagementprozesses: Risikoidentifikation, Risikoanalyse und Risikosteuerung im Marketing.
Im Rahmen der Risikoidentifikation ist es erforderlich die im Risikokatalog aufgelisteten Risikoobjekte und die Risikofaktoren fortlaufend auf latente und potentielle neue Risiken zu überprüfen.
Ebenso muss die Festlegung der Zielabweichung und der Eintrittswahrscheinlichkeit eines Risikos durch einen Kontrollprozess nachgeprüft werden. Es ist notwendig sich mit den einem Risikoobjekt zugeordneten Risikofaktoren fortwährend zu befassen.

Von besonderer Wichtigkeit des Risikokontrollprozesses ist die Überprüfung der Risikosteuerung. Inwieweit konnten Maßnahmen der Risikosteuerung auf die Risiken einwirken. Die Zielsetzung besteht daher in der Feststellung, inwieweit die Steuerungsmaßnahmen das Erreichen der Marketingziele sichern konnte.

---

[210] Maier, K.: a.a.O., S. 23
[211] vgl. Wittmann, E.: Organisation des Risikomanagements im Siemens Konzern, in: Schierenbeck, H. (Hrsg.): Risk Controlling in der Praxis, Stuttgart 2000, S. 470

Hierbei handelt es sich einerseits um einen ergebnisorientierten Soll/Ist-Vergleich. Der gewünschte Risikozustand wird mit dem erreichten Risikozustand verglichen. Darüber hinaus, soll die Risikokontrolle nicht nur im Nachhinein feststellen, dass eine Steuerungsmaßnahme funktioniert hat (oder nicht), sondern vielmehr während des gesamten Risikowirkungsprozesses eine Kontrolle der Maßnahmen durchführen.

Schuy spricht in diesem Zusammenhang von einer Prozessorientierung der Zielerreichungskontrolle[212].

Das Ziel-Risikoprofil hat die Aufgabe, den Soll/Ist-Vergleich zu visualisieren und einer effektiven Kontrolle zugänglich zu machen. Der Soll/Ist-Vergleich beurteilt die Wirkungsweise der Steuerungsmaßnahmen. Das Ziel-Risikoprofil wird von den Entscheidungsträgern einer Unternehmung erstellt.

Den Ausgangspunkt bildet das Risikoprofil, wie es in Kapitel 5 dargestellt wurde. Das Ziel-Risikoprofil bildet den gewünschten Risikozustand einer Unternehmung ab, es hängt im Wesentlichen von der Risikobereitschaft und der Risikotragfähigkeit eines Unternehmens ab und muss individuell ermittelt werden.

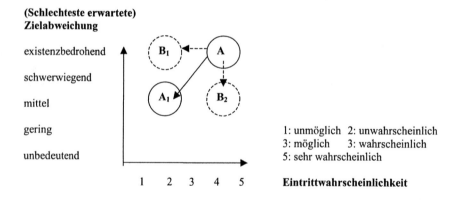

Abb. 17: Das Ziel-Risikoprofil

Das Ziel-Risikoprofil stellt das Ausgangsrisiko „A" dar (Ist-Zustand), unter „A_1" wird das angestrebte Risikoniveau der Unternehmung abgebildet. Ein fortlaufender Vergleich des gewünschten Risikoniveau und neuen Ist-Zuständen ermöglicht es, die Risikosituationen einzuschätzen und damit zu kontrollieren.

---

[212] vgl. Schuy, A.: a.a.O., S. 227

Sollte im Rahmen der fortlaufenden Soll/Ist-Vergleiche ein unerwünschtes Risikoniveau ermittelt werden, muss das Unternehmen seine Steuerungsmaßnahmen verändern.

Der Ist-Zustand „B_1" kann dahingehend interpretiert werden, dass die Steuerungsmaßnahmen zwar die Eintrittswahrscheinlichkeit senken konnten, jedoch die Existenzbedrohung eines Zieles weiterhin vorhanden ist. Es besteht die Möglichkeit, dass der Großteil der Maßnahmen ursachenbezogen (faktorbezogen) durchgeführt und damit die Eintrittswahrscheinlichkeit der Risikofaktoren reduziert wurde. Es kam tendenziell zu einem zu geringen Einsatz von wirkungsbezogenen Maßnahmen.

Der Ist-Zustand „B_2" verdeutlicht wiederum, dass keine ursachenbezogenen Maßnahmen durchgeführt wurden, da die Eintrittswahrscheinlichkeit weiterhin hoch ist und nicht gesenkt werden konnte. Die Zielabweichung verringerte sich von „existenzbedrohend" auf „gering", ein Indiz dafür, dass der Schwerpunkt auf wirkungsbezogenen Maßnahmen lag.

Das Ziel-Risikoprofil ermöglicht die Kontrolle der Steuerungsmaßnahmen, sowie eine Einschätzung der wirkungs- und ursachenbezogenen Maßnahmen. Es ermöglicht zukünftige Steuerungsmaßnahmen zielgerichteter einzusetzen. Die Beurteilung der einzelnen Maßnahmen sollte auf dem Ziel-Risikoprofil basieren. Dabei müssen die Kriterien der Risikokontrolle berücksichtigt werden, um die Veränderungen des Risikoniveaus effizienter zu interpretieren.

7.2 Kriterien der Risikokontrolle

Die Risikokontrolle im Marketing benötigt diverse Kriterien, um die Steuerungsmaßnahmen im Marketing zu bewerten. Sie unterstützen, die Eignung einer oder mehrerer Steuerungsmaßnahmen schon im Vornherein festzustellen bzw. während oder nach der Steuerungsmaßnahme zu bewerten. Es handelt sich hierbei um die:

- Inkubationszeit
- Wirkungsdauer und Flexibilität
- Nebeneffekte

Die Inkubationszeit ist von wesentlicher Bedeutung für die Bewertung von Risikosteuerungsmaßnahmen. Imboden versteht unter der Inkubationszeit den zeitlichen „lag" zwischen der Implementierung einer Maßnahme und dem Eintreten der erhofften Wirkung[213].

---

[213] vgl. Imboden, C.: a.a.O., S. 265-266

Schuy spricht in diesem Zusammenhang von einer „Wirkungsverzögerung"[214]. Je schneller aus einem Risiko ein Schaden entstehen könnte, desto kürzer sollte die Inkubationszeit der Risikobewältigungsmaßnahme sein[215].

Beispielsweise wird bei einem Absatzrückgang eines Produktbereiches die Inkubationszeit von preispolitischen Maßnahmen kürzer sein, als das Durchführen eines Produktrelaunch. Preispolitische Maßnahmen (z.b. Rabatte, Sonderpreisaktionen) werden schneller auf den Absatz wirken, als die Änderung des Designs (z.b. aufgrund der Erstellung von Design-Entwürfen, mögliche Änderung der Produktionsstraßen, Änderung von Werbeanzeigen mit altem Produktdesign).

Die Wirkungsdauer und die Flexibilität einer Steuerungsmaßnahme muss beachtet werden, um den effizienten Einsatz der Maßnahmen zu bewerten.

Unter Wirkungsdauer wird der Zeitraum zwischen der ersten und letzten Wirkung einer Steuerungsmaßnahme verstanden. Prinzipiell ist im Laufe der Zeit eine Reduzierung der Wirkung einer Steuerungsmaßnahme festzustellen. Hinsichtlich der Flexibilität ist es wichtig, dass getätigte Maßnahmen an neue Risikosituationen angepasst werden können.[216] Ausgehend vom oberen Beispiel, werden preispolitische Maßnahmen (z.B. Sonderpreise, Rabatte) nicht für immer den Absatzrückgang verhindern können zumal Konkurrenten in der Lage sind, diese Instrumente ebenso kurzfristig einzusetzen.

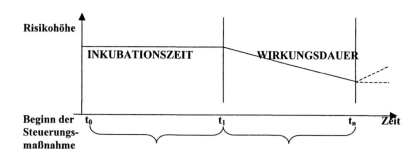

Abb. 18: Inkubationszeit und Wirkungsdauer von Steuerungsmaßnahmen

[214] vgl. Schuy, A.: a.a.O., S. 166
[215] vgl. Imboden, C.: a.a.O., S. 265-266
[216] vgl. Stahl, W.: a.a.O., S. 71

In t_0 wird eine Steuerungsmaßnahme ausgelöst. Die Inkubationszeit zeichnet sich dadurch aus, dass die Risikohöhe unverändert bleibt, unter der Annahme dass sich die Risikofaktoren nicht ändern bzw. keine Störereignisse eintreten. Die Wirkungsdauer zeichnet sich durch den Rückgang der Risikohöhe aus (t_1). Am Ende der Wirkungsdauer (t_n) wird keine weitere Reduzierung des Risikos durch die Steuerungsmaßnahme erreicht.

Diese Abbildung ist daher eine idealtypische Vorstellung. Hierbei wird die Schwierigkeit der Risikokontrolle im Marketing deutlich, man nimmt ceteris paribus an, dass nur alleine die Steuerungsmaßnahme auf das Risiko einwirkt. D.h., während der Inkubationszeit und Wirkungsdauer wird die Risikohöhe nicht von den bisherigen Risikofaktoren beeinflusst, es werden keine neuen Risikofaktoren identifiziert und es wird das Zielsystem der Unternehmung beibehalten. Eine effektive und effiziente Risikokontrolle setzt daher an einer fortlaufenden Beurteilung der Risikohöhe an, um sich dem Zeitraum der Inkubationszeit und der Wirkungsdauer anzunähern.

Das letzte Kriterium der Kontrolle der Steuerungsmaßnahmen sind die Nebeneffekte. Unter einem Nebeneffekt versteht man, dass neben der beabsichtigten Wirkung einer Maßnahme noch erwünschte oder unerwünschte Wirkungen (Nebeneffekte) ausgelöst werden[217]. Das bedeutet, dass Steuerungsmaßnahmen, die auf eine Reduzierung des Risikos zielen, gleichzeitig neue Risiken hervorrufen bzw. andere bestehende Risiken erhöhen können. Beispielsweise führt ein Unternehmen weitere Diversifikationsmaßnahmen durch, um das Absatzrisiko der bisherigen Produktpalette zu vermindern. Da die Diversifikation den Eintritt in neue Märkte bedeutet, entsteht hier möglicherweise ein neues Risiko, dass Markteintrittsrisiko (Nebeneffekt).

7.3 Katalog für die Risikokontrolle im Marketing

Generell bestehen im Risikomanagementprozess im Marketing systematische und psychologische Gefahren. Der Einsatz zeitlicher und humaner Ressourcen ist notwendig, um die Phasen des Risikomanagements im Marketing effektiv zu bearbeiten. Ziel muss es daher sein, nicht nur die Risiken im Marketing zu bewältigen, sondern auch Problemfelder im Prozess selbst zu vermeiden.

Folgende Aufstellung von Problemfeldern soll Ansatzpunkte geben, die Effizienz der Vorgehensweise des Risikomanagements im Marketing zu steigern. Die Auflistung von Problemfeldern dient der Risikokontrolle als Grundlage für weitere Handlungen und ist unternehmensindividuell aufzustellen:

---

[217] vgl. Stahl, W.: a.a.O., S. 71-72

Problemfeld	bearbeiten	erledigt	unkri-tisch
Risikoidentifikation • Keine fokussierte, hierarchische Systematik zur Identifikation • Fehlender Bezug zur Marketingstrategie • Keine Verbindung von Risikoobjekten und Risikofaktoren • Kein Einsatz von Expertengruppen			
Risikoanalyse • Keine einheitliche Risikobewertungseinheit • Keine Aggregation der Risiken • Keine Differenzierung von Risiko und Schäden • Keine Berücksichtigung der Inkubationszeit • Keine Berücksichtigung der Inkubationszeit			
Risikosteuerung • Fehlende Definition eines Risikozieles • Fehlende Risikolimite • Keine Differenzierung von Ursache und Wirkung • Fehlende Abgrenzung durch Risiko-Matrix • Undifferenzierte Betrachtung von Schäden und Risiken			

Tab. 18: Katalog für die Risikokontrolle

Das Ziel des Kataloges für die Risikokontrolle ist die einzelnen Stufen des Risikomanagementprozesses transparenter und effektiver zu machen. Die Auswahl der Problemfelder fokussiert sich auf den Risikomanagementprozess selbst. Verantwortliche Mitarbeiter ermitteln mögliche Problemfelder im unternehmensweiten Risikomanagement und schätzen das vorhandene Risiko ein. Die Einteilung: bearbeiten, erledigt und unkritisch gibt einen Überblick über den Arbeitsprozess.

8 Zusammenfassung

Die Ausführungen dieser Arbeit zum Thema des Risikomanagements im Marketing machen deutlich, dass es sich hierbei um ein komplexes und umfangreiches Erkenntnisobjekt handelt. Es wurde ebenso deutlich, dass Risiko eine immer während Begleiterscheinung der unternehmerischen Tätigkeit ist und daher die Notwendigkeit für ein Unternehmen besteht, sich mit Risiken in einem Managementprozess auseinander zu setzen. Im Rahmen dieser Arbeit wurde ein Risikomanagement aus dem Blickwinkel des Marketings erläutert.

Hierbei war es wichtig, zuerst auf die Eigenschaften des Risikos hinzuweisen, es im Zuge des allgemeinen Begriffsverständnisses als eine Gefahr einer negativen Zielabweichung zu verstehen. Weiterhin muss man die Eintrittswahrscheinlichkeit eines Risikos betrachten.

Aufgrund der Komplexität des Marketings war es notwendig, den Begriff Risiko in zwei Bestandteile zu zerlegen, einerseits in das Risikoobjekt, welches mit einem Marketingziel in Verbindung steht und andererseits in Risikofaktoren, die als Kräfte auf das Risikoobjekt einwirken.

Ziel der Risikoidentifikation ist es nunmehr, diese Bestandteile des Risikos zu identifizieren, hierzu stehen eine Vielzahl von Instrumenten und Methoden bereit. Der nächste Schritt besteht darin, die Risiken zu operationalisieren und zu bewerten. Hierbei kann man auf die Komponenten des Risikos zurückgreifen: Die negative Zielabweichung und die Eintrittswahrscheinlichkeit. Beide Komponenten wurden im Rahmen dieser Arbeit nur verbal konkretisiert, begründet wird dies mit der qualitativen Ausrichtung des Marketings selbst.

Ziel ist es, die Zielabweichung und die Eintrittswahrscheinlichkeit in einem Risikoportfolio abzubilden. Das für Unternehmen individuelle Risikoportfolio ist der Ausgangpunkt für diverse Risikosteuerung- oder Risikobewältigungsmaßnahmen. Je nach individueller Risikoneigung und -bereitschaft können prinzipiell fünf Maßnahmen im Rahmen dieses Bausteins durchgeführt werden. Es handelt sich hierbei um die Risikovermeidung, -verminderung, -streuung, -übertragung und -selbsttragung. Sie haben allgemein die Aufgabe, die Eintrittswahrscheinlichkeit eines Risikofaktors zu vermindern oder die Auswirkung einer potentiellen Zielabweichung zu reduzieren. Der letzte Baustein im Risikomanagementprozess besteht darin, die Risikosteuerungsmaßnahmen hinsichtlich ihrer Wirkung zu kontrollieren.

Da ein risikoorientierter Blickwinkel, bezogen auf die unternehmerische Tätigkeit, in Zukunft immer mehr an Bedeutung gewinnen wird, ist es meiner Ansicht nach unumgänglich sich mit den Risiken der gesamten unternehmerischen Tätigkeit auseinander zusetzen. D.h., es ist nicht mehr ausreichend, sich nur mit finanzwirtschaftlichen Risiken zu beschäftigen.

Es ist vielmehr notwendig, den Fokus auf Risiken im Marketing und der Marktbearbeitung zu legen. In Zeiten knapper finanzieller Ressourcen dürfen Unternehmen, die Marktbearbeitung nicht dem Zufall überlassen bzw. lediglich aus vergangenheitsorientierten Daten ihr Marketing betreiben. Ziel eines Risikomanagements im Marketing ist es daher auch, die Perspektive auf zukünftige Entwicklungen und Ereignisse zu werfen. Nur dann ist es möglich, den zukünftigen Herausforderungen gewachsen zu sein und auf Risiken angemessen reagieren zu können.

LITERATUR- UND QUELLENVERZEICHNIS

Bamberg, Günter;
Coenenberg, Adolf: Betriebswirtschaftliche Entscheidungslehre, 10. Aufl.,
                          München 2000

Bea, Franz Xaver;
Haas, Jürgen: Strategisches Management, 2. Aufl. Stuttgart 1997

Becker, Jörg: Strategisches Vertriebscontrolling, München 1994

Bierhoff, Hans Werner: Sozialpsychologie, 4. Aufl. Stuttgart 1998

Bitz, Horst: Risikomanagement nach KonTraG, Stuttgart 2000

Braun, Herbert: Risikomanagement – eine spezifische Controllingauf-
                          gabe, Darmstadt 1984

Bronner, Rolf: Planung und Entscheidung, 2. Aufl., Oldenburg 1989

Bruhn, Manfred: Marketing. Grundlagen für Studium und Praxis, 4.
                          Aufl., Wiesbaden 1999

Brühwiler, Bruno: Internationale Industrieversicherung: Risk Manage-
                          ment, Unternehmensführung Erfolgsstrategien, Karls-
                          ruhe 1994

Brühwiler, Bruno: Risk Management – eine Aufgabe der Unternehmens-
                          führung, Stuttgart 1980

Eichhorn, Jan-Peter: Chancen- und Risikomanagement im Innovationspro-
                          zess, Diss., Frankfurt 1996

Fasse, Friedrich-W.:   Risk-Management im strategischen internationalen
                          Marketing, Hamburg 1995

Fischer, Jürgen: Marktchancensuche im Unternehmen, Diss., Frankfurt
                          1994

Frey, Dieter: Kognitive Theorien in der Sozialpsychologie, in: Sozi-
                          alpsychologie. Ein Handbuch in Schlüsselbegriffen,
                          Frey, Dieter; Greif, Siegfried (Hrsg.), 3. Aufl. Wein-
                          heim 1994

Frey, Dieter
Schulz-Hardt, Stefan: Fehlentscheidungen in Gruppen, in: Ardelt-Gattinger, Elisabeth, u.a. (Hrsg.): Gruppendynamik. Anspruch und Wirklichkeit der Arbeit in Gruppen, Bern 1998

Gleisner, Werner: Ratschläge für ein leistungsfähiges Risikomanagement, www.krisennavigator.de (06.02.2003)

Graßy, Oliver: Diversifikation, in: Meyer, Paul; Mattmüller, Roland. (Hrsg.): Strategische Marketingoptionen, Stuttgart 1993

Haller, Matthias: Ausblick. Künftige Entwicklung im Risikomanagement, in: Jacob,H. (Hrsg.): Risikomanagement, Schriften zur Unternehmensführung, Wiesbaden 1986

Haller, Matthias: Risikomanagement – Eckpunkte eines integrierten Konzeptes, in: Schriften zur Unternehmensführung, hrsg. von Jacob, H.: Risikomanagement, Bd. 33, Wiesbaden 1986

Haller, Matthias: Risiko-Management und Risiko-Dialog, in: Risiko und Wagnis. Die Herausforderung der industriellen Welt, hrsg. von: Schüz, Mathias, Pfullingen 1990

Hammer, Richard: Strategische Planung und Frühaufklärung, Oldenburg 1988

Hermann, Ursula: Herkunftswörterbuch. Etymologie, Geschichte und Bedeutung, Gütersloh 1998

Hill, Wilhelm;
Rieser, Ignaz: Marketing-Management, Bern 1990

Hinterhuber, Hans: Strategische Unternehmensführung, I. Strategisches Denken, 5. Aufl., Berlin 1992

Hölscher, Reinhold: Gestaltungsformen und Instrumente des industriellen Risikomanagements, in: Schierenbeck, Henner (Hrsg.): Risk Controlling in der Praxis, Stuttgart 2000

Holste, Astrid: Marketing-Controlling der Kapitalkosten für Investitionsentscheidungen, in: Zerres, Michael (Hrsg.): Handbuch Marketing-Controlling, 2. Aufl., Heidelberg 2000

Horvath, Peter;
Mayer, R.:   Produktionswirtschaftliche Flexibilität, in: WiSt, 15. Jg., 2/1986, S. 69-76

Hulpke, Herwig;
Wendt, Hartwig: Das Risikomanagement im Kontext aktueller Entwicklungen im Bereich Corporate Governace, in: Herausforderung Risikomanagement, hrsg. von Hölscher, Reinhold; Efgen, Ralph, Wiesbaden 2002

Hunsinger, H.;
Münch, A.:   Tod im Regal, Studie des deutschen Fachverlages, Frankfurt 1985

Imboden, Carlo: Risikohandhabung: Ein entscheidungsbezogenes Verfahren, Stuttgart 1983

Johansson, Björn: Kreativität und Marketing. Die Anwendung von Kreativitätstechniken im Marketingbereich, 2. Aufl., Bern 1997

Kahle, Egbert: Betriebliche Entscheidungen, 2. Aufl., Oldenburg 1990

Kant, Immanuel: Kritik der reinen Vernunft, hrsg. v. Toman, Rolf, Köln 1995

Koppelmann, Udo: Marketing. Einführung in die Entscheidungsprobleme des Absatzes und der Beschaffung, 6. Aufl., Düsseldorf 1999

Koch, Hans: Unternehmenspolitik und Flexibilität, in: Bruhn, Manfred; Steffenhagen, Hartwig: Marktorientierte Unternehmensführung. Reflexionen – Denkanstöße – Perspektiven, Wiesbaden 1997

Kotler, Philip: Marketing-Management, 2. Aufl., Stuttgart 1974

Kotler, Philip;
Bliemel, Friedhelm: Marketing-Management, 8. Aufl., Stuttgart 1995

Krelle, Wilhelm:	Unsicherheit und Risiko in der Preisbildung, in: Zeitschrift für die gesamte Staatswissenschaft, 113/1957, S. 632-677
Kroeber-Riel, Werner; Weinberg, Peter:	Konsumentenverhalten, 6. Aufl., München 1996
Leisering, Horst:	Wörterbuch – Fremdwörter, Köln 1999
Löschenkohl, Sven:	Entscheidungen bei Risiko. Betriebswirtschaftliche Entscheidungen mit Hilfe von mehrfach bedingten Risiko-Nutzen-Funktionen, Hamburg 1996
Lück, Helmut:	Einführung in die Psychologie sozialer Prozesse (Skript), Hagen 2000
Mag, W.:	Risiko und Ungewissheit, in: Handwörterbuch der Wirtschaftswissenschaft (HdWW), hrsg. von Albers, W., Tübingen 1988
Maier, Kurt:	Risikomanagement im Immobilienwesen, Frankfurt 1999
Meffert, Heribert:	Marketing-Management. Analyse – Strategie – Implementierung, Wiesbaden 1994
Meffert, Heribert:	Marketing. Grundlagen marktorientierter Unternehmensführung, 8. Aufl., Wiesbaden 1998
Meffert, Heribert:	Strategische Unternehmensführung und Marketing, Wiesbaden 1988
Meyer, Roswitha:	Entscheidungstheorie, Wiesbaden 1999
Neubürger, Klaus W:	Chancen- und Risikobeurteilung im strategischen Management, Stuttgart 1989
Neubürger, Klaus W:	Risikobeurteilung bei strategischen Unternehmensentscheidungen, Stuttgart 1980
Oehler, Andreas; Unser, Matthias:	Finanzwirtschaftliches Risikomanagement, Heidelberg 2001

Perridon, Louis;
Steiner, Manfred: Finanzwirtschaft der Unternehmung, 9. Aufl., München 1997

Philipp, Fritz: Risiko und Risikopolitik, Stuttgart 1967

Porter, Michael E.:   Wettbewerbsvorteile. Methoden zur Analyse von
(1999a)   Branchen und Konkurrenten, 10. Aufl., Frankfurt 1999

Porter, Michael E.:   Wettbewerbsvorteile. Spitzenleistungen erreichen und
(1999b)   behaupten, 5. Aufl., Frankfurt 1999

Ramme, Iris: Marketing – Einführung mit Fallbeispielen, Aufgaben
                                   und Lösungen, Stuttgart 2000

Reich, Michael: Frühwarnsysteme, in: Zerres, Michael (Hrsg.): Handbuch Marketing-Controlling, 2. Aufl., Heidelberg 2000

Renn, Ortwin: Die subjektive Wahrnehmung technischer Risiken, in:
                                   Herausforderung Risikomanagement, hrsg. von Hölscher, Reinhold; Efgen, Ralph, Wiesbaden 2002

Richert, Egon: Das strategische Marketingpotential der Unternehmung, Diss., Frankfurt 1992

Rose, Peter: Szenariogestützte Kompetenzplanung unter dynamischen Wettbewerbsbedingungen, in: Zerres, Michael
                                   (Hrsg.): Handbuch Marketing-Controlling, 2. Aufl.,
                                   Heidelberg 2000

Ruff, Frank: Ökologische Krise und Risikobewusstsein, Diss.,
                                   Wiesbaden 1990

Sader, Manfred: Psychologie der Gruppe, 4. Aufl., München 1994

Schneider, Dieter: Investition, Finanzierung und Besteuerung, 6. Aufl.,
                                   Wiesbaden 1990

Schneider, Martin: Personalpolitische Anpassungen als Risikomanagement, Diss., München 1998

Schulte, Michael: Bank-Controlling II. Risikopolitik in Kreditinstituten,
                                   3. Aufl., Frankfurt 1998

Schulz-Hardt, Stefan: Realitätsflucht in Entscheidungsprozessen, Diss., Bern 1997

Schuy, Axel: Risiko-Management. Eine theoretische Analyse zum Risiko und Risikowirkungsprozess als Grundlage für ein risikoorientiertes Management unter besonderer Berücksichtigung des Marketing, Diss., Frankfurt 1989

Segelmann, F.:   Industrielle Risikopolitik, Diss., Berlin 1959

Slyba, M; Urban, D.:   Die Risikoakzeptanz als individuelle Entscheidung, Schriftenreihe des Institutes für Sozialwissenschaften der Univerität Stuttgart: No. 1/2002, Stuttgart 2002

Steiner, Manfred;
Bruhns, Christoph: Wertpapiermanagement, 7. Aufl., Stuttgart 2000

Staab, Rudolf: Der Ausstieg aus den FCKW – eine Herausforderung für den Umstieg auf umweltverträglichere Alternativen, in: Meyer, Paul; Mattmüller, Roland (Hrsg.): Strategische Marketingoptionen, Stuttgart 1993

Stahl, Wolfgang: Risiko- und Chancenanalyse im Marketing, Diss., Frankfurt 1992

Störig, Hans Joachim: Kleine Weltgeschichte der Philosophie, limitierte Sonderausgabe, Frankfurt 1996

Streitferdt, L.:   Grundlagen und Probleme der betriebswirtschaftlichen Risikotheorie, Wiesbaden 1973

Taylor, J.R.:   Beurteilung von Kosten, Vollständigkeit und Nutzen von Risikoanalyseverfahren, in: Lange, S. (Hrsg.): Ermittlung und Bewertung von industrieller Risiken, Berlin 1984

Töpfer, A.;
Heymann, A.:   Marktrisiken, in: Dörner, D.; Horvath, P.; Kagermann, H. (Hrsg.): Praxis des Risikomanagement. Grundlagen, Kategorien, branchenspezifische und strukturelle Aspekte, Stuttgart 2000

Trautmann, Michael: Reduktion, in: Meyer, Paul; Mattmüller, Roland (Hrsg.): Strategische Marketingoptionen, Stuttgart 1993

von Hohnhorst, Georg: Anforderungen an das Risikomanagement nach dem KonTraG, in: Herausforderung Risikomanagement, hrsg. von Hölscher, Reinhold; Efgen, Ralph, Wiesbaden 2002

von Rosenstiel, Lutz,
Molt, Walter;
Rüttinger, Bruno: Organisationspsychologie, 8. Aufl., Stuttgart 1995

Wittmann, E.:   Organisation des Risikomanagements im Siemens Konzern, in: Schierenbeck, Henner (Hrsg.): Risk Controlling in der Praxis, Stuttgart 2000

Wöhe, Günter: Einführung in die allgemeine Betriebswirtschaftslehre, 19. Aufl., München 1996

Wolf, Klaus;
Runzheimer, Bodo: Risikomanagement und KonTraG, 2. Aufl., Wiesbaden 2000

www.pwc.de: Studie des Instituts der Niedersächsischen Wirtschaft e.V. und PwC Deutsche Revision: Entwicklungstrends des Risikomanagements von Aktiengesellschaften in Deutschland (03.11.01)

www.statistik-bund.de: Insolvenzen von Unternehmen in Deutschland
(11.11.01)

Zech, Jürgen: Integriertes Risikomanagement – Status quo und Entwicklungstendenzen aus der Perspektive eines Versicherungskonzerns, in: Herausforderung Risikomanagement, hrsg. von Hölscher, R; Hölschgen, R., Wiesbaden 2002, S. 39

Ziegler, Werner: Strategische Unternehmensführung (Skript), Geislingen, SS 2001

Zimbardo, Philipp: Psychologie, 5. Aufl., Heidelberg 1992

Andreas Seifert

Typologie des Marketing-Management

Theoretisch-konzeptionelle Grundlagen und internationale empirische Befunde

Frankfurt/M., Berlin, Bern, Bruxelles, New York, Oxford, Wien, 2002.
XXII, 244 S., zahlr. Abb. und Tab.
Schriften zu Marketing und Management.
Herausgegeben von Heribert Meffert. Bd. 42
ISBN 3-631-50073-4 · br. € 40.40*

Das Relationship Marketing erfreut sich sowohl in der Marketing-Praxis als auch in der Marketing-Wissenschaft einer bereits hohen und weiter steigenden Popularität. Innerhalb des Marketing-Management ist dabei immer häufiger von der Ablösung des klassischen Transaktionsmarketing die Rede. Die damit einhergehende These vom Paradigmenwechsel im Marketing-Management weg vom Transaktionsmarketing und hin zum Relationship Marketing stützt sich bislang überwiegend auf Plausibilitätsüberlegungen und konzeptionelle Beiträge. Fundierte empirische Erhebungen zur Überprüfung dieses Spannungsfelds liegen indes kaum vor. Vor diesem Hintergrund untersucht der Autor sowohl theoretisch-konzeptionell als auch empirisch die Verbreitung existierender Marketing-Orientierungen. Hierzu entwickelt er eine Konzeptualisierung und Operationalisierung des Transaktionsmarketing und des Relationship Marketing. Die empirischen Untersuchungen des Autors zeigen letztlich, dass abhängig vom jeweiligen situativen Kontext sowohl das Transaktionsmarketing als auch das Relationship Marketing in der unternehmerischen Praxis angewandt werden und von einem Paradigmenwechsel nicht die Rede sein kann.

Aus dem Inhalt: Paradigmenwechsel im Marketing-Management: vom Transaktionsmarketing zum Relationship Marketing · Contemporary marketing practices · Transaktionsmarketing · Databasemarketing · Interaktionsmarketing · Netzwerkmarketing

Frankfurt/M · Berlin · Bern · Bruxelles · New York · Oxford · Wien
Auslieferung: Verlag Peter Lang AG
Moosstr. 1, CH-2542 Pieterlen
Telefax 00 41 (0) 32 / 376 17 27

*inklusive der in Deutschland gültigen Mehrwertsteuer
Preisänderungen vorbehalten
Homepage http://www.peterlang.de